U0584470

现代教育理念下
高校教育教学创新与实践

余志娟 ◎ 著

吉林出版集团股份有限公司

图书在版编目（CIP）数据

现代教育理念下高校教育教学创新与实践 / 余志娟
著 . — 长春：吉林出版集团股份有限公司，2022.10
ISBN 978-7-5731-2491-3

Ⅰ．①现… Ⅱ．①余… Ⅲ．①高等学校－教学管理－
研究 Ⅳ．①G647.3

中国版本图书馆 CIP 数据核字（2022）第 190119 号

现代教育理念下高校教育教学创新与实践

著　　者	余志娟
责任编辑	白聪响
封面设计	林　吉
开　　本	787mm×1092mm　　1/16
字　　数	170 千
印　　张	7.75
版　　次	2022 年 10 月第 1 版
印　　次	2022 年 10 月第 1 次印刷

出版发行　吉林出版集团股份有限公司

电　　话　总编办：010-63109269

　　　　　发行部：010-63109269

印　　刷　廊坊市广阳区九洲印刷厂

ISBN 978-7-5731-2491-3　　　　　　　　　定价：68.00 元

版权所有　侵权必究

前　言

　　知识作为无形的生产力为社会创造了极大的财富，也促进人类社会的发展。而"人"作为社会的主体，其个人的发展状况受社会发展情况制约的同时也在反作用于社会的发展。所以要想保证社会处于不断进步的状态，就需要通过教育培养出具有高素质、高能力的创新型人才，为社会创造出更大价值。而要想达成这一目的，高校在进行教育教学的过程中就必要做出调整。本节针对我国高校教育教学的现状对创新型教学理念做简单的研究，对如何改善教学方法提出简单论述。

　　进入 21 世纪后，我国的经济、政治、文化、科技都处于飞速的发展状态，在这种发展形势下，社会和国家对高校教育教学提出了较高的要求，为了确保高校所培育的人才能够满足社会的需求，高校在教育教学的过程中也做出了相应的改革，为了确保高校学生具有较丰富的专业知识、较强的身体素质和心理素质，高校在教育教学的过程中不仅完善了理论教学方式，还通过各种教学活动对实践教学内容做出了改善。着重培养学生的动手能力的同时，也进一步引导学生如何在未来的生活、工作中将所学知识转化成具体操作，使学生完善个人价值的同时，也能为社会创造更多的经济效益。所以如何培养具有高素质和创新思维的人才，是高校现在面临的主要问题，要想确保高校教育教学能够有质量的保证，还需要从学校自身的发展状况入手，实事求是，找出创新教学的方式。

　　学校不仅是学生获取知识的地方，更是学生提高个人素质，完善个人能力的桥梁。学校要想使教育教学活动更能发挥出所具有的优势，就要在教育教学的过程中，让学生进一步明确知识的重要性。要以积极的方式去引导学生，让学生明确，知识是提升一个人生命价值的手段，在知识经济时代的今天，学生要想通过良好的方式获得生活所需，就要继续学习，利用知识武装自己，保证在社会中，能够找寻到自己奋斗目标。

　　本书是陕西省教育科学"十三五"规划 2020 年度青年课题：历史典故在高校思政课堂教学中的有效运用研究（编号 SGH20Q292）的部分研究成果。

目录

第一章 现代教育理念下高校教育教学概述

第一节 教育教学方法的问题及创新

　　知识作为无形的生产力为社会创造了极大的财富，也促进了人类社会的进一步发展。而"人"作为社会的主体，其个人的发展状况受社会发展情况制约的同时也在反作用于社会的发展。所以要想保证社会处于不断进步的状态，就需要通过教育培养出具有高素质、高能力的创新型人才，为社会创造出更大价值。而要想达成这一目的，现代教育理念下高校在进行教育教学的过程中就必要做出调整。本节针对我国现代教育理念下高校教育教学的现状对创新型教学理念做简单的研究，对如何改善教学方法提出简单论述。

　　进入 21 世纪后，我国的经济、政治、文化、科技都处于飞速的发展状态，在这种发展形势下，社会和国家对现代教育理念下高校教育教学提出了较高的要求，为了确保现代教育理念下高校所培育的人才能够满足社会的需求，现代教育理念下高校在教育教学的过程中也做出了相应的改革，为了确保现代教育理念下高校学生具有较丰富的专业知识、较强的身体素质和心理素质，现代教育理念下高校在教育教学的过程中不仅完善了理论教学方式，还通过各种教学活动对实践教学内容做出了改善。着重培养学生的动手能力的同时，也进一步引导学生如何在未来的生活、工作中将所学知识转化成具体操作，使学生完善个人价值的同时，也能为社会创造更多的经济效益。所以如何培养具有高素质和创新思维的人才，是现代教育理念下高校现在面临的主要问题，要想确保现代教育理念下高校教育教学能够有质量的保证，还需要从学校自身的发展状况入手，实事求是，找出创新教学的方式。

一、现代教育理念下高校教育教学中存在的问题

　　教学内容过于保守。现在我国各现代教育理念下高校沿用的教学内容都是学校成立之初设立的，在多年的教育教学过程中，虽然也做出相应的修改，教学内容的分布也较为合理，但是在实际的教育教学过程中，还是有较多的不足。比如说不同专业中教材内容的组合不符合时代教育的要求，教材知识传授的先后顺序也缺乏一定的考量，使学生在学习的过程中出现知识脱节的现象。在现在的现代教育理念下高校中，教育教学的方式一直是以

书本为主，多媒体设备为辅，以教师教为主，学生主动学习为辅。"填鸭式"教学依旧是影响现代教育理念下高校教学效率提升的主要因素。

人才培养与社会需求相脱节。"就业率"是衡量一所大学教学是否成功的标准。每年现代教育理念下高校毕业季之后我国教育管理部门都会对现代教育理念下高校学生的就业率做出调查，虽然近年来各所现代教育理念下高校的就业率得到了很大的提升，在现代教育理念下高校学生中也不会出现就业难的问题，但是这并不代表每一位现代教育理念下高校就业生都找到了一份适合自己的工作，也并不代表每一个企业都获得了适合本企业发展的优秀人才，有很多学生在毕业以后所获取的工作都与自己在大学中所学知识不符。这一现象是社会发展现状造成的，也是现代教育理念下高校教育教学方式造成的，更是由学生个人的发展状况造成的。对于一些学习能力较差的学生来说，学习自己并不感兴趣的知识是一件难事。而在现代教育理念下高校学生中，有很多学生所选的专业并不是自己期望的，也并不是自己擅长的，而在进行专业进修的过程中，难免会出现懈怠心理，学校在教授这部分学生专业知识的时候也很费力，加之每个教师的教学方式不同，教学能力有限，使得这部分专业的学生在学习的过程中根本没有能力去熟悉掌握专业知识，导致个人专业素质得不到提高，无法满足社会对此类专业人才的需求。

学校教学管理方式陈旧。在高效教育教学的过程中，学校一直要求教师要规范教学，统一教学，确保教学活动具有有效性的同时，也要保证教学内容符合教育的需求。但是在实际教学的过程中，这两项内容似乎不能进行完美的结合。保证教学的规范性和统一性就是在要求教师按照传统的教学方式传授学生所需知识，教学活动只能固定在课堂中，固定在多媒体设备中。教师一旦按照这种教学管理目标进行教学活动，教育教学的效率就很难得到提高，因为在此过程中，教师和学生的思维都受到了限制，并不是每个教师都具有优秀的教学经验，能使每堂课的知识传授都能达到期望的标准。在这种教学管理模式中，不论是教师还是学生，都很难发挥主观能动性和创造性。

二、教育教学的创新研究

改善教学指导思想。现代教育理念下高校教育教学的指导思想一直是以传授学生专业知识为主，使学生在以后的工作过程中能够具有相关的专业技能。但是在这一教学指导思想落实的过程中，往往存在着很大的偏差，教学成果远远没有期望的好。所以要想保证现代教育理念下高校教育教学能够发挥出最大的优势，就必须完善教学指导思想，要改变传统教学理念的束缚，要求教师在教学的过程中，不仅要以传授知识为主要目标，还要以启发学生自主理解知识为重要目标，激励学生在学习的过程中构建自己的知识框架，教师在教学的过程中能合理布置知识研究内容，保证每个学生都能够主动了解所学知识，加深对所学知识的印象，通过教师的引导来掌握知识。

教学内容的改革。教学大纲作为教师进行教学活动的指导性文件，其规定的内容不仅是教师教授的内容，也是学生所要学习的内容。所以现代教育理念下高校要想对现有的教育教学情况做出改善，首先就应该根据实际教学情况，对学生学习的主要内容做出调整。要合理改善教学大纲中的内容，根据时代发展的状况以及学生的学习情况做出教学内容的修改，对于教学大纲中比较落后的教学内容以及不符合时代发展理念的教学内容予以剔除。另外，在制定教学大纲的过程中要用发展的眼光去对待现代教育理念下高校教育教学的变化，最好是以阶段性管理为方法，不断更新教学大纲中的内容，保证其在特定的时间内发挥最有效的作用。而其内容更新的时间可以根据学校的发展状况来定也可以根据社会的发展状况来定，最好是以 10 ~ 12 年为一个期限，根据每代人的发展需求来调整。只有这样才能保证学生所学习的知识符合社会的需求，保证学生获得的知识具有实用性和前瞻性。

深化教学体制改革，完善教学方法。各现代教育理念下高校要想适应社会的发展需求，保证培养出的人才能够为国家为社会创造出更大的经济价值和劳动价值，其在教育教学的过程中，就必须做出相应的改革，其中较为重要的就是教学体制的改革，而教学体制改革的重中之重就是管理体制的变化。在如今的现代教育理念下高校办学过程中，学校在进行管理的同时要更加注重"以人为本"，保证教师和学生在工作和学习中都能获得保障，在维护学校与教师间和学生间的关系的时候，要充分发挥出管理制度的公平性和人文性，处理好个体与集体的关系，保证学校能够为学生提供和谐舒适的学习环境，能够为教师提供公平合理的竞争平台，通过结合相应的管理制度使教师在教学的过程中，更加注重自己的教学成果，要求其在教学方式上做出不断地调整，保证教学方法具有高效性。

学校不仅是学生获取知识的地方，更是学生提高个人素质，完善个人能力的桥梁。学校要想使教育教学活动更能发挥其所具有的优势，就要在教育教学的过程中，让学生进一步明确知识的重要性。要以积极的方式去引导学生，让学生明确，知识是提升一个人生命价值的手段，在知识经济时代的今天，学生要想通过良好的方式获得生活所需，就要继续学习，利用知识武装自己，保证在社会中，能够找寻到自己的奋斗目标。

第二节　现代教育理念下高校教育教学质量提升路径

现代教育理念下高校的发展与教育教学质量息息相关，在现代社会快速发展转型的关键时期，教育教学质量已成为现代教育理念下高校生存和发展生命线。十九大报告中关于如何发展推进教育事业作了重要表述，提出建设教育强国的根本要务，为现代教育事业的发展指明了方向。高等院校应紧抓质量发展这一生命线与风向标，深究影响教育教学质量的各项因素，有针对性地探索现代教育理念下高校发展之道。

十九大报告提出建设教育强国是中华民族伟大复兴的基础工程，必须把教育事业放在优先位置，加快教育现代化，办好人民满意的教育。加快一流大学和一流学科建设，实现高等教育内涵式发展，是当前中国特色社会主义事业建设的重心所在，是党和国家对我国高等教育提出的明确要求。我们要以习近平新时代中国特色社会主义思想为指导，深入贯彻落实党的十九大精神和习近平总书记在全国教育大会上的重要讲话精神，发展高等教育事业，构建现代教育理念下高校教育教学质量保障体系，提升教育教学质量是当前我国现代教育理念下高校发展的主体与共同愿景，也是现代教育理念下高校教育教学的核心要务。

一、影响现代教育理念下高校教育教学质量的因素

研究现状。在现代教育理念下高校教育教学质量影响因素研究中，既要从我国发展实际出发，又要借鉴优秀的研究成果，以优秀的研究成果作为现代教育理念下高校教育教学体系构建的基点与抓手。同时，为现代教育理念下高校教育教学质量保证体系的执行落实提供借鉴参考，提升现代教育理念下高校教育教学质量保证体系的实效性与科学性。

国外学者对现代教育理念下高校教育教学质量影响因素的研究。美国斯坦福大学教授Lee Shulman 指出，影响现代教育理念下高校教育教学的因素是多样化的，并提出教育教学过程中，教师、学生、课程是主要影响因素，教师层面主要指教师的思想观念、研究能力对教学内容、学术活动、教学活动的影响。学生层面则是外界环境对学生判断力、思维养成、习惯感知、思想观念等的影响。在课堂层面，Lee Shulman 提出课堂是教师与学生联系的桥梁与纽带，教学活动直接影响着学生的能力。国外学者 Michael J.Dunkin 指出预知（教师的教育教学经历和体验、专业成长历程及专业认同度）、环境（学生的成长环境、学校环境、社会环境）、过程（课堂教学组织与学生评价）、产出（学生人格成长及变化）是影响现代教育理念下高校教育教学质量的主要因素。

国内学者对现代教育理念下高校教育教学质量影响因素的研究。北京大学王义遒教授提出，不良社会风气、学生规模快速增长、师资力量不足、教学硬件设施欠缺、学制缩减、教学目标定位不当、管理不到位等是影响现代教育理念下高校教育教学质量的主要因素。同时强调社会风气，即教风、学风是最大的影响因素。广西师范大学周琨武、黄敏认为教育教学质量是多项指标的综合反映，其影响因素主要有教师因素，即教师学识与师德；学生因素，即生源状况、思维与创新能力、学习态度等；教育技术因素，即多媒体等现代化教育设备不齐全，教师操作方法不熟练；课程结构因素，即课程结构不合理；教学管理因素，即现代教育理念下高校内部各项管理状况；教学设施因素，即教学设备、图书资料、实验仪器的储备不足；实践教学因素，即实践教学落实不到位。洛阳大学董延寿指出影响我国现代教育理念下高校教育教学质量的主要因素在于教育经费投入不足，学校领导过于重视外部规模建设，而忽视了整体教育教学质量的提升，大众化教育教学背景下，生源质量有所降低，教学设施不完备，教学条件有待提升，质量评价体系不完善。

综上，国内外学者主要从教师、学生、教育过程等方面入手，对现代教育理念下高校教育教学质量影响因素进行了探索，为本节的研究提供了有价值的理论依据。且多数学者侧重于教与学两方面，但影响现代教育理念下高校教育教学质量的原因很多，各个环节、

各项因素都有可能影响教育教学质量。因此，笔者从教师、学生、课程、教学资源等方面出发，探讨影响现代教育理念下高校教育教学质量的因素，以期强化本研究的客观性与全面性。

影响因素：教师因素。教师是教育教学活动的组织者、实施者，教师的水平直接关系着教育教学的质量。在大众化教育发展趋势下，现代教育理念下高校扩招趋势明显，师资配备情况不及学生规模扩大之速，导致师资力量薄弱，师资数量欠缺，教学活动负重前行。教师学术背景、教育能力、专业技能等是开展教育教学活动的基础，但一些教师忽视了对自身知识与技能的更新与补充，很难适应快速发展的现代教育理念下高校教育教学要求。另外，有些现代教育理念下高校将教师科研成果作为评价指标，导致教师只专注于科研工作，而忽视了教育教学工作的开展，敷衍应对教育教学各项工作。但现代教育理念下高校教育教学质量的提升需要教师的全程参与，然而有些教师忙于学术研究及参与社会活动，极少愿意带课，导致现代教育理念下高校缺乏高水平的师资队伍。

学生因素。学生是教育教学的主体，更是教育教学质量的决定性因素，学生自主学习意识与能力直接影响着教育教学的整体质量。尤其是在现代教育理念下高校扩招背景下，录取门槛的降低在一定程度上影响了生源质量，越来越多的学生进入大学校园，学生的知识储备、学习能力各异，这无形中就加大了教学的难度。应试教育影响下，进入现代教育理念下高校的学生仍然固守被动接受知识的习惯，创新思维有待开发。另外，有些学生认为进入大学后课业压力不大，只要保证不挂科能够拿到毕业证即可。因此，学生日常学习态度不端正，学习目标浅显化，迟到、早退现象极多，严重影响了现代教育理念下高校教育教学质量的提升；还有些学生觉得当下所面临的就业压力极大，在校期间将精力集中于考取各种证书上，无法顾及正常的课程学习，导致现代教育理念下高校教育教学质量下降。

课程因素。教育教学活动的开展需要通过课程教学来实现，课程体系、课程结构直接影响着教育教学质量的提升。当前现代教育理念下高校教育教学工作中普遍存在课程体系构建不完善，教学内容偏向记忆性的理论论述，缺乏创新性教学内容，教材内容更新速度与社会发展需求相脱节，难以有效培养学生的创新思维和创新能力。且专业课程建设侧重学科特征而忽略了学科的交叉性，不利于复合型人才的培养。

教学资源因素。教育教学资源包括教育经费、教学设备、实验仪器、图书资源、教学条件等软硬件设施。近年来，国家不断加大现代教育理念下高校软硬件设施的投入力度，新媒体教室、语音教室、实验楼等不断改扩建，多媒体设备、实验设施、图书资源不断扩充，但学生规模也在快速扩充，导致学校在软硬件教学资源的投入上仍显滞后。

其他因素。现代教育理念下高校教育教学活动是一项系统、复杂的工程，其包括诸多内容与环节，各项内容与环节都与教育教学质量紧密相关。对教育教学质量的影响除了上述因素外，还包括校风、学风建设，实习实践机会，学术研究环境，教学管理理念与管理制度、学校日常管理状况、社会的支持与帮助等内外部因素。

二、提高现代教育理念下高校教育教学质量的措施

强化师资队伍建设。教之本在于师，不管何时，教师都是教育教学活动的根本，是教育教学质量得以保障的决定性力量。在现代教育理念下高校扩招背景下，学生数量激增，导致师资力量不足，教师年龄出现断层的问题。现代教育理念下高校应在教师竞争上岗、学生选课选教师的竞争机制下，创新引入机制。譬如，可以让教师挂牌上课，对于选课人数多的教师给予表扬及实质性的奖励，激发教师教学的积极性；可以提高教师待遇，强化教师教学动力，促使教师全身心地投入教育教学活动中；还可以返聘有丰富教学经验及学术研究能力的离退休教师重返教学岗位，这样就可以留住优质的师资力量，离退休教师可以对年轻教师的教学工作给予相应的指导，发挥传、帮、带作用。同时，现代教育理念下高校应加大青年教师的培训力度，提升其专业技能及教学能力，以弥补师资不足的问题。

优化专业结构设置。第一，以市场需求为导向，调整专业设置。社会需求是现代教育理念下高校人才培养的导向，也是现代教育理念下高校教育教学的指南。现代社会信息化、科学化发展迅速，需要的是应用型、创新型、复合型的人才。因此，现代教育理念下高校在专业结构设置上，应密切把握市场发展动态，强化现代教育理念下高校内涵建设，调整学科专业结构，以精品专业打造现代教育理念下高校品牌优势，促进教育教学质量的不断提升。

第二，基于专业培养目标，完善教学体系。实现培养目标是完善教学体系的目的，现代教育理念下高校教育教学讲究知行合一，学以致用。对此，现代教育理念下高校在教育教学体系设计上应统筹理论课教学与实践教学的关系及落实力度，针对不同专业的培养目标及发展需要，合理调整理论教学与实践教学的比例，在教学中根据专业特点与培养需求，适时增减教学内容，使其契合现代教育理念下高校人才培养需求与未来就业创业需求。

第三，创新教材内容，促进专业发展。现代教育理念下高校可根据学科建设需求更新教材内容，采用新编教材，尤其是财经、理工、农医等发展较快的专业需要使用近三年编制的教材，以使现代教育理念下高校教育教学内容始终处于时代发展的前沿。

强化学风教风建设。学风，即教育教学环境。良好的教育教学环境能让学生沉浸在积极的学习氛围中，在潜移默化中激发学生学习的积极性。现代教育理念下高校在学风建设上，可从规范考风考纪入手。教育家陶行知将考试作弊的危害归纳为：欺亲师、自欺、违校章、辱国体、害子孙。对于考试作弊问题，现代教育理念下高校管理者应加强监管，通过张贴悬挂警示语向学生说明作弊之害，严格把控考试过程，利用电子屏蔽仪屏蔽电子设备信号，对学生加强防范，加大教育与引导力度，严惩作弊行为，在全校范围营造良好的学习氛围。教风是教育教学精神、态度与方法的集合，是教育教学之风气，良好的教风可以带动学风。教师是学生的榜样，学高为师，身正为范。因此，现代教育理念下高校管理者应加强师德师风建设，着力培养教师的教育思想、职业素养。教师应从自身做起，加大

自身知识储备，树立高度的教育责任心与敬业心，对学生有爱心和耐心，认真对待每一堂课、每一个学生，创新教育教学方法，丰富教育教学内容，活跃课堂氛围，努力营造良好的教学风气。优良的教风和学风可以促进教师与学生共同发展，可以为现代教育理念下高校教育教学质量的提升营造积极的外部环境。

第三节　现代教育理念下高校教育教学改革的动力机制

在我国改革开放以来，我国对于教育的重视程度越来越高，尤其是对现代教育理念下高校教育教学改革更是成为教育行业主要研究方向。但是，由于教育体系本身具有的复杂性，或多或少存在些问题。因此，着重于对整体改革过程中的动力机制进行探讨，将有助于教育行业的有效发展。本节旨在针对现代教育理念下高校教育教学改革过程中的动力机制问题，结合外部因素和内部因素共同作用，通过两者之间相辅相成的关系，促进动力机制在现代教育理念下高校教育改革过程中发挥巨大的作用。

由于"科教兴国""知识就是力量"等教育理念逐步深入人心，高等学校的教育教学改革成为社会共同关注的一个热点问题。根据相关文献综述和资料查询，各学者将现代教育理念下高校教育改革的主要动力机制分为两个方面，其一是外部动力机制，使促进改革进步的显著诱因；其二是内部动力机制，也是实实在在的改革基础和关键。只有将这两种动力机制有效地结合在一起，才能有力地促进现代教育理念下高校教育教学的改革，为我国的建设培养优秀的人才。

一、现代教育理念下高校教育教学改革动力机制的含义解析

所谓机制，字面意思既可以指有机体的构造、功能及其相互关系，又可以指机器的构造和工作原理。但是，在本节中的意思，其实是一种社会学范畴下对领域具体解析的概念，根据相关知识，可以分为推动机制、发展机制、联系机制等。其本质则是用于描述动力和事物发展过程之间运动、发展的内在联系。而推动机制、发展机制、联系机制这三种机制之间的相互联系，能够有效促进社会有效力量的形成，从而促进事物在历史长河中的发展和变化。而且，是向积极的方面发展，有助于引导低级别的事物，并促使其向着高级别的方向进行发展。因此这一机制在现代教育理念下高校教育改革的应用过程中，具有显著的重要意义。现代教育理念下高校教育教学改革的动力机制就是这样一种宏观变化大机制，在借助外部动力机制的引导作用下，结合内部动力机制这一基础，两者相互借鉴，从而在整体上推动现代教育理念下高校教育教学改革的发展。

二、促进现代教育理念下高校教育教学改革发展的动力因素

（一）外部动力因素

高等学校与中学和小学的不同就在于其具有相当大的独立性和自由性，无论是上课的形式还是学生自主学习的能力、老师的授课方式等，都具有很强的可变性。但是也有人将高等学校，也就是大学称为象牙塔，认为这是一种与社会脱离的环境，可是实际上现代教育理念下高校就是一个具有系统性的结合体，不仅仅与内部的学生、教师等发生关系，更是与社会上的各种因素具有千丝万缕的联系。就目前来说，我国主要在现代教育理念下高校教育教学改革方面借助政府的调控和师生的参与形成了多种具有促进性的动力因素。其中外部因素主要指的是社会环境中的因素，例如政治、经济、文化、科技等在发展过程中对现代教育理念下高校提出的新要求、新动力。不能够忽略的一方面则是各现代教育理念下高校之间由于教育系统不同而产生竞争，从而形成的外部动力。这些外部动力因素都和现代教育理念下高校教育教学改革息息相关，并且在政府和社会、教育家、教师、学生等多方的共同参与下，以行政条令作为标准，公众参与作为灵活操作手法，来实现一种自下而上和自上而下相互结合的改革平台形成。

科技因素。在现阶段的中国，乃至世界的发展过程中，科技象征着一个国家现代化、力量化的地位，因此，科技对于现代教育理念下高校教育教学改革也具有重要的促进作用和驱动作用。大部分的现代教育理念下高校在发展的过程中，由于经济和科技力量的不足，往往在改革的进程中会出现"改革惰性"。教育模式多是沿用传统的"填鸭式"教育，只注重对学生知识能力的培养，而忽略了其实践能力的促进。科学作为一种手动性和操作性极强的动力因素，已经被广泛认知为社会发展的"第一生产力"，从而成为促进整个社会能够迅速发展的催化剂。那么就必须认识到科学技术在现代教育理念下高校教育教学改革的重要性和挑战性，只有有选择性地摒弃传统教育模式下的改革弊端，借助科技的发展，来改善教育进程中先进要求和落后手段所激发的矛盾。

经济因素。经济是人类在社会生存中所必备的物质基础，也是对生活水平、精神层面有效提升的决定性因素之一。因此，它也会对现代教育理念下高校教育教学改革产生一定的影响。一方面，经济为现代教育理念下高校教育教学改革提供物质保障，使得其在改革进程中不受经济条件的制约；另一方面，现代教育理念下高校对经济是利用，也将渗透到改革的各个环节中去。例如现代教育理念下高校的管理制度改革，只有在充裕经济条件的支持下，各类基础设施才能完备，才能有效促进对现代教育理念下高校自然环境教育环境、生活环境的改善。当然，经济更多的是对现代教育理念下高校教育体制、专业结构的丰富性形成做出了巨大的贡献。

人文因素。主要是由参与现代教育理念下高校教育教学改革的多方角色决定的。人们通常的思想水平、价值观念、心理态度等人文性较强的方面对现代教育理念下高校教育教

学改革具有重要的作用。传统只注重知识水平的提升，是片面的，只有将人文情怀和实践能力、操作能力等有效地结合在一起，使其在现代教育理念下高校改革过程中，各个主体的思想，观念都焕然一新，从而有效推动现代教育理念下高校教育教学改革。

竞争因素。多是来自同一领域不同层次的现代教育理念下高校之间，彼此能够形成有利的竞争和合作意识，使得现代教育理念下高校改革成为一把双刃剑，既能够促进其优秀方面更大的发展，也能够减少其弊端的暴露，并加以改进。辅助以政府、科技、经济、人文等因素来共同促进现代教育理念下高校教育教学改革的顺利进行。

（二）内部动力因素

外部动力因素对于现代教育理念下高校教育教学改革具有一定的推动性和引领性，但仅仅这一方面努力是不够的，只有结合学校内部的教育体制、文化生活等内部动力因素，才能够使得改革处于时刻变化的状态之中，实时解决改革中出现的相关问题。

人才因素。现代教育理念下高校教育最为主要的目的就是为国家的建设培养多方位、专业化的人才。因此，人才因素是促进现代教育理念下高校教育教学改革主要的内部动力因素之一。由于生源的扩招和教育水平的提升，越来越多的学生能够进入大学学习，一方面促进人才的培养但另一方面也预示着我国的高等教育进入了大众化的阶段。现代教育理念下高校放低招生要求，学生的质量和能力有可能不会满足学校的要求，因此，大量的学生在毕业之后找不到工作，在无形之中增添了社会的压力。因此在面对这一消极事态的发展过程中，优秀人才的培养需要成为现代教育理念下高校改革的主要出发点。

教育因素。所谓改革就是改掉不好的，提倡向好的方面发展。教育改革则是为了将现代教育理念下高校教育教学过程中的不良现象进行清除，促使整个发展阶段是在以社会需要的前提下，朝着优势的方向发展。只有清除现阶段现代教育理念下高校教育中的弊端问题，对症下药，将不合常理的方面进行控制或者消除，才能够使得现代教育理念下高校教育教学改革具有意义。

自主因素。自主因素是根据现代教育理念下高校在办学过程中具有的办学自主权提出来的，即现代教育理念下高校具有自主的决策权、执行权、发展和约束权。但是这些权利需要社会、政府等上级结构做出保障，以宏观调控和微观处理的手法结合起来，促进现代教育理念下高校的改革能够适应社会的发展要求，从而使其得到一定的保障。

（三）内外部动力因素的联系

内部动力因素和外部动力因素相互结合，彼此提供保障，共同作用于现代教育理念下高校教育教学改革进程。这是因为自然界中存在的事物离不开外在力量的推动和内在力量的调控，对于现代教育理念下高校改革来说，改革的过程既需要国家、政府以及经济、科技等宏观因素的调控，也需要结合现代教育理念下高校自身的情况，充分发挥其内部师生自主性以及教育资源的公平性，保证实现现代教育理念下高校教育教学改革的顺利完成。

综上所述，现代教育理念下高校教育教学改革需要紧跟时代的步伐，结合外部动力因素和内部动力因素，形成具有协调性的动力机制，无论内外，都能积极做好本职工作，发挥本体的能动性，才能促进现代教育理念下高校教育教学改革的成功，为我国人才培养做出巨大的贡献。

第四节 现代教育理念下高校教育教学督导的实践与发展

20世纪90年代，我国部分现代教育理念下高校开始借鉴基础教育督导机制，建立教学督导机构，现代教育理念下高校教学督导逐渐发展，检查、监督、评价、指导和激励等教学督导机制逐步引入现代教育理念下高校教学管理，在促进教学改革、加强教学管理、树立教学典范、改进教学工作、提高教学质量等方面发挥重要作用。首都医科大学教学督导组成立于2002年，是学校教学质量监控体系的重要组成部分。多年教学督导实践促进了学校教育教学及其管理工作的规范化、科学化、效益化以及青年教师的成长，为学校教育教学质量保障与人才水平提高奠定了坚实基础。

一、基于质量保障的教学督导实践

合理的聘任与薪酬机制助力教学督导稳定有序开展。督导队伍是现代教育理念下高校教学督导工作有效开展的人力保障。为保证督导队伍稳定及其工作的持续性，学校成立教学督导办公室并挂靠教务处，专门负责督导队伍建设等工作。依据学校人事制度及督导工作条例，学校教务处按照督导聘任程序组织每年的教学督导聘任。一般根据校院两级教学督导工作的实际和需求，合理选聘一批教学及管理经验丰富且具有高级职称的老教师组建高素质的督导专家组。学校教学督导组由兼职退休教师组成并由教务处负责聘任，主管校领导颁发督导聘书。学院原则上以兼职退休教师为主，部分学院也吸纳一些在职教师从事教学督导兼职工作，学院督导聘任由学院负责报教务处备案即可。为保证教学督导专家持续的工作热情，学校为督导专家配备专门的办公室和办公设备，划拨专门经费解决督导专家的薪酬问题，表达了学校对教学督导工作的重视、肯定与支持。学校还根据督导专家工作量及工作成效，实时调整薪酬。学院也根据工作量多少适当配备一些补充经费来鼓励专家督导工作的积极性和实效性。总之，庄重的聘任仪式和合理的薪酬机制为教学督导稳定有序开展提供了保障。

有效的教学督导工作模式助力教学管理规范化与决策科学化。现代教育理念下高校教学督导的主要职能是监督检查与指导。我校教学督导专家通过积极履行督教、督学、督管等工作职能，为学校教学管理的规范化与决策科学化以及青年教师的健康成长、保证教学效益等方面做出了积极贡献。

一体化的督教、督学与督管助力教学管理规范化随堂听课检查是实现督教、督学的主要方式。随堂听课检查不仅是检验教师教学质量，也是检验学生学习效果的重要途径。通过随堂听课，督导专家能结合评教指标及时发现教师教学问题并有针对性地提出改进建议。通过随堂听课，督导专家能观察医学生学习风气、学习兴趣、学习状态和学习效果，为有效管理学生提供依据。通过随堂听课，督导专家还可以从观察课堂教学组织、教师备课、作业批改、指导学生等情况来检查教学管理的基本情况，从而督促校、院两级教学管理机构及其管理人员及时根据督导反映的情况进行调控，从而促进教学管理规范化。根据教学工作规划与教学实际，学校教务处每学期会确定重点听课任务及听课对象。目前学校听课对象大概为五类：一是学生评教、同行评教全校排名靠后或评教分数不合格的教师；二是学生教学信息员座谈会或教师教学意见反馈座谈会中反映的一些上课效果不好的教师；三是每年或每学期新引进的教师，需要通过随堂听课接受督导专家指导与认可，以确保新教师教学质量与水平符合学校要求；四是每年拟晋升职称的教师以及每年确定的新承担教学任务的研究生助教；五是根据一个聘期内所有教师被督导专家听课检查而确定的被听课教师。通过随堂听课，一方面督导专家会现场与被听课教师沟通听课情况，另一方面也会实时与教务处、学院（学系或教研室）反馈沟通，确保学校、学院和教师都能及时了解教学一线情况，帮助和指导教师改进教学，提高教师授课质量和水平。另外，督导专家还积极参与教学大纲审定、课程建设、教学例会、教学工作会、学院教学管理水平检查、医学专业认证等督教、督管工作以及参与试卷抽检、毕业论文抽检等督学工作来督察医学生学习成效，确保教学管理规范化。

深入一线调研助力教学决策的科学化为校、院两级教学管理部门和领导提供决策建议也是教学督导行使职能和发挥作用的重要途径和方式。除了随堂听课，督导专家还积极深入课堂教学一线调研，详细了解教学一线实际情况并认真听取一线教师教学需求与意见，积极总结、归纳并撰写调研报告，通过督导座谈会、工作总结会等途径积极建言献策。围绕学校教育教学改革、教学设施配备、实验室与临床技能中心建设、课程设置与专业建设、教育培训、青年教师培养、教师队伍建设等提出许多有价值的参考建议，助力学校教育教学决策科学化。另外，在各类教学工作评价标准修订过程中充分发挥督导专家的作用。总之，无论是调研报告撰写，还是评价标准的修订，都是教学督导专家参与学校教学决策的重要方式，利于学校教学决策的科学化。

持续的教学指导助力青年教师健康成长是教学督导的主要工作之一，也是他们发挥优势、实现价值的有效途径和方式。除日常随堂听课的教学指导之外，督导专家还指导青年教师积极参与各级各类青年教师教学基本功比赛，从教案书写、教学方法选择、教学手段运用等各个方面指导青年教师，促进其教学水平的提升。另外，教学督导专家还通过指导青年教师参与教学改革、积极开展教学研究、申报各级各类医学教育教学改革课题等助力青年教师成长。

较强的责任意识和无私的奉献精神助力教学督导持续有效推进。督导队伍较强的责任意识是教学督导工作持续有效稳步运行的动力源泉。学校大部分督导专家抱着为学校教育教学工作发挥余热、不计名利的责任意识和积极心态投入工作。他们无私奉献的精神感动并激励着青年教师乃至全校师生在教育教学工作方面的热情，保证了学校教学督导工作持续有效推进，并为学校教育教学质量保障与水平提升做出了贡献。

二、新时期现代教育理念下高校教育教学督导工作的思考

新时期教育部和北京市政府教育督导机构与职能的变化，进一步显示出督导工作的重要性，也对新时期现代教育理念下高校教育教学督导工作提出了更多要求和挑战。

加大督导支持力度，助力督导工作全面化与系统化。当前现代教育理念下高校教学督导结构设置与职能发挥不利于现代教育理念下高校教育督导的全面化与系统化，需要加大支持力度，促进教学督导向教育督导转化。调查发现，当前现代教育理念下高校教育督导大致分为3类：一是个别现代教育理念下高校设置近似权力机构的"监察部门"，对学校人事、教务、科研、后勤等进行监督。二是对学校教学、学科建设的督导，侧重教师聘用、职称晋升的鉴定和评审。三是定位于教学督导，广泛存在于我国大部分现代教育理念下高校。督导机构命名大致为教育督导组、教育督导室、教学督导组以及听课团，一般作为教务处科级机构，或与高教研究室合并。教学督导是现代教育理念下高校教育督导的一部分。如果以教学督导代替教育督导，则缩小了教育督导的职权范围。因此，新时期现代教育理念下高校教育督导要加强建设，助力现代教育理念下高校督导全面化与系统化，为现代教育理念下高校全面质量与质量全面提升奠定基础。

加大督导培训力度，助力现代教育理念下高校督导工作专门化。督导专家的素质与水平决定现代教育理念下高校教育督导职能效益的发挥。考虑到当前现代教育理念下高校督导专家多为兼职，可以考虑吸纳部分专职人员参与督导。同时，加强督导培训也是进一步提高督导专家业务素质和水平的重要途径。总之，现代教育理念下高校要加强督导人员遴选、督导方法体系完善、督导培训、督导信息化、督导职能转变等，逐步确立现代教育理念下高校教育督导的地位并实现专门化。

第五节 现代信息技术与现代教育理念下高校
教育教学深度融合

以计算机、网络技术以及现代通信技术为代表的现代信息技术是当代科技发展的主要领域，以技术变革教育也势在必行。将人工智能、大数据、云计算、"互联网+"等现代信息技术和教育教学进行深度融合发展，以实现教育领域的"中国梦"。

在21世纪，信息就像"血液"一样流淌在社会各行各业中，尤其是现代信息技术已

经广泛渗透，对人们的生活、学习和工作产生了深刻变革，同样教育也不例外，从国家关于教育的发展规划到学校一线教师的探索应用实践，从现代信息技术辅助教育教学到现代教育技术辅助学生学习，再到现代教育技术与教育教学深度融合发展，现代信息技术必将使得教育教学产生较大的变革。

一、现代信息技术概述

以计算机和其网络技术以及现代通信技术等为代表的现代信息技术，是当代科学技术发展的主导领域，现代信息技术正以其他技术从未有过的速度向前发展，并以其他任何一种技术从未有过的深度和广度介入社会的方方面面，教育领域也不能例外。2018 年 4 月，教育部发布的《教育信息化 2.0 行动计划》中指出：持续推动信息技术与教育深度融合，信息技术和智能技术深度融入教育全过程，推动改进教学和优化管理。

北京师范大学的何克抗教授认为新兴信息技术主要包括：可以改变人类教育方式和学习方式的大数据，推动优质教育资源共建共享的云计算，将人们的学习、生活和工作融为一体的人工智能以及基于网络"教与学"平台的"互联网 +"。何克抗期望未来可以在信息技术的这 4 个方面加大开发和应用力度，早日实现教育信息化领域的"中国梦"。

二、现代信息技术应用于教育现状分析

现代信息技术在教育中的应用，目前主要还停留在辅助教师教学和辅助学生自主学习阶段，有的现代教育理念下高校建立了智慧教室，但是使用率不高，学习效果也并不明显。

教师利用多媒体技术进行教学。多媒体技术在教学中的应用已经非常普遍，利用多媒体展示教学内容，用文字、声音、图片、动画、图形等展示教学内容，使教学内容更加丰富多彩、形象生动，可以大大提高教学效率，增加学生学习的兴趣，从教学方法、教学内容等方面改变了传统的教学模式，是现代信息技术在教育中的初级应用阶段。

学生利用网络课程进行自主学习。现在现代教育理念下高校各种网络课程正在如火如荼地进行着，从开始就潮起云涌的 MOOC，到现在热火朝天的 SPOC，现代教育理念下高校在利用现代信息技术发展教育教学的同时，不断总结、完善和补充，以期得出最有效的教学手段和方式方法。在网课的发展过程中，教育工作者和一线教师投入大量的人力、物力和财力开发网络课程，可是这些资源的利用率较低，学生参与度低，因为缺乏约束，很多学生没有完成课程学习，没有达到预期的学习效果。为了改变这种现象，集传统教学和MOOC 两者优点而避其缺点的小规模限定性在线课程 SPOC 兴起，被认为是当下最有效的教学方法，是现代信息技术在改善教学方法、教学手段以及教学模式等方面的应用。

智慧教室利用率低。当前很多现代教育理念下高校建立了智慧教室，利用现代信息工具多屏展示、触摸电子设备参与学习和讨论，学生通过动手参与，提高学习的主动性和积极性。但是我国现代教育理念下高校目前还没有真正实现小班化教学，班级人数过多，不

太适合这种智慧教室授课模式；智慧教室也不能匹配所有课程的教学，导致很多学校的智慧教室使用率不高。

跨校、跨区网络共性课应用受限。目前有些现代教育理念下高校也实现了网络联合授课，学分互认，但是这方面的应用相对来说还是非常有限，只是在某些学校的某些科目实现了，很多现代教育理念下高校学生还是停留在本校课程教学，对一流现代教育理念下高校的优质教育资源可望而不可求。

三、现代信息技术与现代教育理念下高校教育教学融合路径

随着智能终端设备、5G 网络和通信设施的性能提高，现代信息技术得到迅猛发展，应探索将其深度融合到教育教学的新途径中。

人工智能环境下现代教育理念下高校利用教育机器人进行专业基础知识的普及。目前虽然在学前教育和小学教育中已经开始利用机器人普及基础知识，但在现代教育理念下高校却非常少。现代教育理念下高校因为受专业限制，不同专业需要不同的专业知识，软件开发难度大，对机器人的要求高，比如对热点问题的解答、未来本专业发展趋势等。知识的更新总是落后于当今时代的发展，对有研究需求的学生来说教育机器人的辅导就有所不足，这就需要随时更新学习内容，每个专业都是如此的话，需要强大的专业研发团队的支持。科研人员和教育工作者共同合作，研发适合现代教育理念下高校学生学习的教育机器人，让教师从繁杂的基础知识传授中解脱出来，将更多的时间和精力应用于学生的解疑答惑、情感交流，引导学生向纵深发展。

大数据环境下个性化学习和评价。大数据的快速发展，相信在不久的将来就会在现代教育理念下高校中普及应用。通过大数据可以追踪学习轨迹，从而进行分析，得出每个学生对知识的掌握程度、学习喜好、学习时间分配等，再进行阶段性总结分析，给出科学合理的评价，从而给出下一阶段的学习建议和学习知识推送，这样周而复始，为每个学生量身打造学习内容、学习计划、学习方法、学习时间等，加之教师的针对性指导，让期望已久的"个性化学习"和"个性化教学"变成现实。

云计算环境下优质教育资源的共建共享。随着网络和硬件设备性能的提高，云计算支持下的各种网课平台不断涌出，如中国大学 MOOC、爱课程等，现在都已经发展得比较成熟了，现代教育理念下高校学生可以通过这些平台发布的课程资源进行网课的学习，各个现代教育理念下高校教师还可以借助这些资源进行本专业的授课，对不合适的课程进行修改和补充，以达到本校教学需求。未来各个现代教育理念下高校之间可以联合进行课程开发和建设，或者每个一流本科专业带领几个普通现代教育理念下高校联合进行课程的研究，联合推出共同学习内容，让一流教育资源得到最大限度的利用。

"互联网+"环境下优质课程直播。"互联网+"环境下，各大现代教育理念下高校的现代通信设备和网络已经普及，当有名师名家授课时，不在本校或者当地的学生，可以利

用网络直播工具及时领略名家风采，与他们线上进行交流探讨，让学生在犹如亲临现场的环境中进行知识的学习讨论，更好地发挥名师的榜样典范作用，让学生在欣赏其大家风范的同时，引导学生在自己的专业领域不惧困难、刻苦钻研，在自己的专业领域不断发展。

虚实结合的教学班级授课与管理。随着现代网络的普及应用，网课会越来越方便。各现代教育理念下高校实行学分互认后，开发的一门网课，不同地区和不同学校的学生都可以学习，通过对学习者进行分组实现不同地区和学校学生的管理，通过异步SPOC实现不同学校学习时间的管理。但是同一个实体班级的学生分布在网上不同的网站进行学习，实体班级的教师如何进行学习效果的监督、学习成绩的统计汇总，还需要各大学习网站实现同一后台管理和信息管理。

改变教育现状，急需现代信息技术和教育教学深度融合。虽然当前已经取得了一些应用成果，但是更多的是方式方法和手段的改变还没有达到二者的深度融合，即现代信息技术伴随教育教学始终。现代信息技术的发展将促使新的教育时代的到来。

第二章　现代教育理念下高校教育教学的基本原则

第一节　现代教育理念下高校教学原则新探

从我国现代教育理念下高校教学的视野，对科学性与思想性相结合原则、启发性与创新性相结合原则、专业性与综合性相结合原则、理论与实际相结合原则、教学与科研相结合原则等现代教育理念下高校的几个基本教学原则作探讨，彰显出现代教育理念下高校教师做好教学工作的一些新意蕴。

现代教育理念下高校教学原则，是指高等学校教师从事教学工作必须遵循的基本要求。它是根据高等教育目的、任务和教学规律提出的，是现代教育理念下高校教学实践经验的概括和总结。

我国现代教育理念下高校的教学原则，是根据我国的教育方针、高等教育的任务和现代教育理念下高校的教学规律，批判地继承了古今中外的高等教育遗产，特别是在总结了我国社会主义现代教育理念下高校教学实践经验的基础上提出的，对我国现代教育理念下高校教学实践具有积极的指导作用。现代教育理念下高校教师正确贯彻教学原则，是全面完成现代教育理念下高校教学任务，提高教学水平和教学质量的重要保证。

现代教育理念下高校的教学规律是客观存在于现代教育理念下高校教学过程之中内部诸要素的本质性联系。现代教育理念下高校教学规律的作用一般是通过教学原则对教学现象的本质解释来体现的，而现代教育理念下高校教学原则是现代教育理念下高校教学过程客观规律的反映，它是人们在认识现代教育理念下高校教学规律的基础上，根据一定社会的教育目的和现代教育理念下高校的教学任务，经过一定的理论加工而提出的现代教育理念下高校教学工作的基本要求。现代教育理念下高校教学的基本规律，主要有：专才教育与通才教育统一规律、间接经验与直接经验统一规律、掌握知识与发展能力统一规律（教学的发展性规律）、传授知识与思想教育统一规律（教学的教育性规律）、教师主导作用与学生主体作用统一规律等。

目前，在我国《高等教育学》中关于教学原则的名称、数目及其体系，还没有完全统一的意见。不过，在我国现代教育理念下高校教学工作中具有广泛指导意义的、确实被公认的和体现时代性的教学原则，我们认为主要是：科学性与思想性相结合原则、启发性与创新性相结合原则、专业性与综合性相结合原则、理论与实际相结合原则、教学与科研相结合原则等。本节试图从我国现代教育理念下高校教学的视野对这几个教学原则作些探讨。

一、科学性与思想性相结合原则

科学性与思想性相结合原则，是指我国现代教育理念下高校教学要以马克思列宁主义为指导，坚持社会主义人才培养方向，向学生传授科学知识，并结合知识教学对学生进行德育，以完成立德树人的根本任务。

我国现代教育理念下高校教学的科学性与思想性是辩证统一的。现代教育理念下高校教学的科学性是思想性的基础，思想性是科学性的内在属性和重要保证。这一原则是现代教育理念下高校教学的教育性规律的充分反映，是现代教育理念下高校培养"德、智、体、美等方面全面发展的社会主义建设者和接班人"的必然要求，使现代教育理念下高校立德树人的根本任务得以落实，体现着中国特色社会主义现代教育理念下高校教学的根本方向和特点。

贯彻科学性与思想性相结合原则的基本要求：

（一）现代教育理念下高校教学要确保科学性，向学生传授知识

现代教育理念下高校教学的科学性，是现代教育理念下高校教师向学生"传道授业解惑"的知识内容必须是科学的、正确无误的。为了便于学生理解教材知识，教师授课力求通俗易懂、生动形象，打比方、举例子、看视频，或者为了开阔学生学习眼界，向他们介绍不同的学说和观点等都是需要的，但要保证科学性，不要庸俗化、低俗化和极端化，更不能有违背国家宪法和法律的言行，不能向学生传播错误的思想观点、内容。此外，教师一旦发现自己的授课中有错误，要及时纠正。

（二）现代教育理念下高校教学要贯穿思想性，对学生进行德育

现代教育理念下高校教学的思想性，是现代教育理念下高校教学中内在的能够对学生思想政治道德品质产生影响的特性。整个教学中教师要根据不同学科课程的特点对学生进行德育（思想政治道德教育），充分发挥现代教育理念下高校教学"立德树人"的教育性作用。从内容上看，一是理想信念教育，包括马克思列宁主义、毛泽东思想、"三个代表"重要思想、科学发展观、习近平新时代中国特色社会主义思想等方面教育。二是社会主义核心价值观教育，引导学生树立正确的世界观、人生观和价值观。其中，现代教育理念下高校教学要引导学生牢牢把握"富强、民主、文明、和谐"作为国家层面的价值目标，深刻理解"自由、平等、公正、法治"作为社会层面的价值取向，自觉遵守"爱国、敬业、诚信、友善"作为公民层面的价值准则，将社会主义核心价值观内化于心、外化于行。三

是中华优秀传统文化、革命文化和社会主义先进文化教育,弘扬民族精神和时代精神。从形式上看,一是现代教育理念下高校思想政治理论类课程教学,要充分释放对学生直接进行德育的强大作用,让学生坚定马列主义和毛泽东思想信仰,用习近平新时代中国特色社会主义思想武装头脑。二是现代教育理念下高校其他人文社会科学、自然科学类等课程教学,要积极挖掘不同学科教材的思想性,在教学中对学生渗透德育。例如,文学、历史学、艺术学等学科类课程教学,要充分利用其蕴含丰富的德育因素(如"爱国、敬业、诚信、友善"),潜移默化地对学生进行德育;理学、工学、农学、医学等学科类课程教学,要强化对学生进行爱国主义情感、科学精神和科学态度等方面培养,促进学生树立勇于创新、求真求实的思想品质,以达成"课程思政"目标。

(三)现代教育理念下高校教师要不断提高自身的专业水平和思想修养

现代教育理念下高校教师要不断钻研业务,不断提高自己的专业水平(专业知识、能力等水平),养成严谨治学的科学态度,形成科学的世界观和方法论,并运用于把握教材内容,指导教学实践。同时,现代教育理念下高校教师要以德立身、以德立学、以德施教,不断提高自己的思想道德修养,充分利用自己对学生潜移默化的影响作用,结合所教学科的特点创造性地对学生进行思想政治道德教育。只有这样,才能保证现代教育理念下高校教学的科学性与思想性的统一。

二、启发性与创新性相结合原则

启发性与创新性相结合原则,是指现代教育理念下高校教学要充分发挥教师主导作用和学生主体作用,"注重学思结合",调动学生学习的主动性、积极性,激发学生的积极思维、创新思维,促进学生在融会贯通地掌握知识的同时,培养创新精神和创新能力。

现代教育理念下高校教学坚持启发性与创新性相结合原则,目的是为国家"培养具有社会责任感、创新精神和实践能力的高级专门人才"。

贯彻启发性与创新性相结合原则的基本要求:

(一)现代教育理念下高校教学要调动学生学习的主动积极性

现代教育理念下高校教学中,教师要充分调动学生学习的主动积极性,包括学生的学习动机、兴趣等。这是学生学习的内在动力,是学生学习主体作用发挥的首要条件。同时,针对部分学生学习目的不明确和责任感不强的问题,教师还应对学生的学习目的、态度等方面进行启发引导教育,增强学生学习的责任感和使命感。

(二)现代教育理念下高校教学要激发学生的积极、创新思维

孔子说"不愤不启,不悱不发"。启发的关键在于创设一种问题情境。所谓问题情境"指的是一种具有一定困难,需要学生努力克服(寻找达到目标的途径),而又是力所能及的学习情境(学习任务)"。学生的积极思维和创新思维常常是由问题情境而引起的。现代

教育理念下高校教师要根据课程的教材特点和学生的学习实际，在教学过程的各个环节，都要考虑如何从教学的重点、难点来创设问题情境，以激发学生的积极思维和创新思维，并采取具体的措施、切实实现。例如，教师授课时要启发学生敢于对某些已知事物产生怀疑而再思考；敢于否定某些自己一向认为"是"的事物，通过再认识，发现其中的"非"；能进行"由此及彼"的思考，朝着前向、逆向、纵向、横向的发散思维；发扬教学民主，开展课堂讨论，鼓励学生各抒己见；实验（实训）中引导学生创造性的设计、报告等。这样进行教学，有利于培养学生的创新精神和创新能力。

现代教育理念下高校教学的启发性、创新性要以学生掌握知识为基础，并同发展学生学习的认知能力（观察、记忆、思维、想象等能力）、探索能力和实践能力等方面的结合。同时，教学要"注重因材施教"，关注学生不同的特点和个性差异，发展每个学生的优势潜能和创新能力。

教学要有创新性，很需要教师有创新意识。对此，李培根说严复有一段话："其于为学也，中国夸多识，而西人尊新知。"中国人认为懂得的东西越多越好，学到的东西越多越好。今天我国政府和大学都很强调创新，但大学教师做研究真正凭好奇心驱动的很少，而好奇心更能驱动创新。另外，他认为"创新教育不是奢侈品"。创新教育不只是重点大学的事情，也是高职、中专、技校的事情，它们也有能力培养学生的创新技能。同样，创新教育也不只是优秀学生的事情，每一个大学生都有创新潜能，只不过很多学生的潜能还没有发挥出来罢了。

三、专业性与综合性相结合原则

专业性与综合性相结合原则，是指现代教育理念下高校在实施专业教育的教学过程中进行综合化教育。这是一条反映高等教育本质特性的教学原则。

高等教育是一种专业教育，以培养学生将来从事某种专业（行业）工作为目的，也就是为社会培养各级各类的高级专门人才。

当前我国现代教育理念下高校实施的专业教育，是根据学科领域（如本科教育12个学科门类、高职教育19个专业大类）和社会行业（职业）部门的分类而设置专业，其教学组织单位为院（系）等。现代教育理念下高校的教学过程主要是围绕着专业而展开的，并且随着学生年级的提高，教学过程中的专业理论知识的传授和专业技能的训练所占的比重也越来越重。

现代教育理念下高校实施的专业教育，是现代科学发展高度分化和社会分工的产物。同时，要看到科学发展的高度综合和社会分工的整合趋势，对现代教育理念下高校人才培养提出了综合化的实然要求。相应要求现代教育理念下高校教学的专业性和综合性的结合，为社会培养专业知识扎实、综合素质高、实践能力强的高级专门人才，这也是现代教育理念下高校教学"专才教育与通才教育统一规律"的集中体现。

贯彻专业性与综合性相结合原则的基本要求：

（一）现代教育理念下高校教学要扎实进行专业教育

我国高等教育（学历教育）应当符合的学业标准是：第一，专科教育应当使学生掌握本专业必备的基础理论、专门知识，具有从事本专业实际工作的基本技能和初步能力。第二，本科教育应当使学生比较系统地掌握本学科、专业必需的基础理论、基本知识，掌握本专业必要的基本技能、方法和相关知识，具有从事本专业实际工作和研究工作的初步能力。现代教育理念下高校本科、专科（高职）的各种专业培养方案（教学计划）、各门课程和各个教学环节，都要根据上述标准扎实地进行专业教育，提高专业人才培养质量。

（二）现代教育理念下高校教学要适切进行综合化教育

我国现代教育理念下高校教学在专业教育中进行的综合化教育，可分为两大类型：一是通识课程贯穿于大学生的四年或三年学业之中进行。二是通识课程集中于大学生的一、二年级学业之中进行。从中培养大学生的人文、科学（科技）等方面的综合素质，也提升了大学生专业学习的基础。还有的现代教育理念下高校是按学科大类进行的综合化（复合型）教育，即某一学科门类的综合化教学。

当前，值得审视的是我国部分现代教育理念下高校教学在推进综合化教育中，存在着学科专业教育及优势被弱化的突出问题。对此，我们很需要回归大学之道——遵循高等教育的人才培养规律，大力重塑现代教育理念下高校的学科专业教育，也就是现代教育理念下高校教学在以实施学科专业教育为主的同时，适切地进行综合化教育。

例如，我国首批"双一流"现代教育理念下高校的建设，必然是建立在一流学科的基础上的。这次双一流，无论是一流现代教育理念下高校还是一流学科，都突出了学科建设的要求。即便是双一流大学，也都需要落实具体重点建设学科。这些本质上都在引导现代教育理念下高校检讨自己的优势与特色，而不是什么专业学科都去做、都去建设，这显然是对过度综合化的一次调整，一次对现代教育理念下高校的重新塑型。

四、理论与实际相结合原则

理论与实际相结合原则，是指现代教育理念下高校理论知识教学要联系实际进行，"注重知行统一"，引导学生从中去理解和运用知识，从而学以致用和培养实践能力。

理论与实际相结合原则，反映了我国高等教育目的（方针）的要求和教学的间接经验与直接经验统一规律。学生学习的理论知识，主要是间接经验、书本知识，是人类的已知真理。这就要求教学注意理论联系实际，防止理论与实际脱节。

贯彻理论与实际相结合原则的基本要求：

（一）现代教育理念下高校教学要联系实际传授理论知识

现代教育理念下高校教师在传授理论知识时，首先要讲清基本理论（理论知识的重点、难点），同时还要讲清产生这些基本理论的实践基础和这些理论的实际运用。因为各门学科课程的特点不同，所以教师授课联系实际的内容、方法也不同。教师对理论知识的传授，要联系的实际有诸多方面，如学生的知识、能力、思想实际；科学知识在经济建设和社会发展中的运用实际；科技特别是高新科技的运用实际，等等。

（二）现代教育理念下高校教学要加强实践性环节及训练

现代教育理念下高校教学的理论联系实际，要通向生产（产学研）、社会实践等。通过课堂讨论、案例分析、模拟、实验、实习实训、社会实践、毕业论文（设计）与综合训练等环节让学生参加教学实践性活动，达到印证理论、应用理论去分析、解决实际问题和培养实践能力的目的。

现代教育理念下高校教学为了加强实践性环节，课堂讲授应当"少而精"，重视知识的简约化、结构化，让学生重点掌握本学科、专业必需的基础理论、基本知识和基本结构（方法）。要构建现代教育理念下高校课堂讲授与实践（实训）整合化的教学模式，更加重视大学生学习本专业必要的基本技能、实践能力和就业创业能力的培养及训练。

同时，现代教育理念下高校应通过校际联盟、校企（行业）合作等途径来助推实践性教学的实施。例如，2017年由广西大学发起成立、全区34所现代教育理念下高校加入的"广西现代教育理念下高校新工科研究与实践联盟"，提出聚焦广西发展战略重点，面向当前和未来产业发展需要，主动优化学科专业布局，促进现有工科的交叉复合、工科与其他学科的交叉融合。要突破"围墙思维"，主动对接地方经济社会发展需要和企业技术创新要求，深化产教融合、校企合作、协同育人。要增强学生的就业创业能力，培养大批具有较强行业背景知识、工程实践能力、胜任行业发展需求的应用型和技术技能型人才。

最后，要强调的是现代教育理念下高校教学的理论联系实际，必须正确认识教学中理论与实际的辩证统一性，既要防止理论脱离实际的教条主义，又要防止以实际代替理论的经验主义。当前，我国部分地方普通本科现代教育理念下高校向应用型发展的教学改革尤其要防止经验主义。

五、教学与科研相结合原则

教学与科研相结合原则，是指现代教育理念下高校把科研引进教学，培养学生的科学精神、科学态度、科学方法和科学研究能力。这是一条反映现代教育理念下高校教学特殊性的教学原则。

19世纪初，德国的洪堡提出具有划时代意义的大学理念："通过科研进行教学"和"教学与科研统一"，并在他创办的柏林大学付诸成功实践。从此，这一理念成为世界各国大学普遍推崇与共同遵守的原则。

当今，我国重点大学（"双一流"大学）与一般大学，本科院校与高职高专院校的人才培养层次，虽然有明显的区别，但科学研究作为现代教育理念下高校人才培养的有机组成部分，则是所有现代教育理念下高校人才培养教学过程的共同属性，它反映了现代教育理念下高校教学过程的特点和规律，也就是"教学与科研的结合渗透在高等学校教学过程的一般形态中"，以适应新时代中国特色社会主义建设对创新人才培养的客观诉求。

贯彻教学与科研相结合原则的基本要求：

（一）现代教育理念下高校教学和科研要全程性融合

从其活动的过程来说，一方面是现代教育理念下高校教师将科学研究的宗旨、方法、手段及成果体现于教学过程的各个环节，实现教学过程的科研化；另一方面是现代教育理念下高校教师将教学目标、内容、环节等结合到科研过程之中，实现科研过程的教学化，从而达到"教研融合"。在现代教育理念下高校教研融合过程中，教师要及早引导大学生参与科学研究。国内外教育实践表明，大学生早期参与科学研究，既是培养创新人才的重要途径，也为促进学科发展和提升科研水平提供了生力军。大学生参与科研不仅给教师带来启示和反思，有助于促进教师科研和教学水平的提升，而且也直接促成了研究成果的产出和学科建设水平的提高。在国内外高水平大学中，大学生通过参加科学研究和技术研发取得创新成果(如发表高水平论文、申请发明专利、研发实用系统、社会调查咨政等)的事例并不鲜见。

从其活动的途径来说，一是结合各门课程的教学，尤其是专业课程和提高性的选修课程，在经常性的各种教学活动中实现同科研的结合。教师把最新的科技信息和科研成果引入教学中，如中国科学技术大学"把课堂设在科学研究最前沿"。又如，教师在中医学类专业教学中向学生介绍中国药学家屠呦呦获得诺贝尔生理学或医学奖的巨大科学成就——《青蒿素的发现：传统中医献给世界的礼物》；教师在物理学、天文学专业教学中引导学生注视美国科学家对"引力波"的最新发现等。教师在教学中如能向学生呈现在一些科学技术上和新时代国家建设中亟待解决的难点问题或者重大问题，对于引发学生的科学探求和创新意识，培养学生的科研志向，是很有裨益的。二是通过课程论文或设计、毕业论文或设计以及某些为培养科研能力而开设的课程，如文献检索、科学研究方法等课程实现同科研的结合。三是结合教学组织学生参加学术、科技、生产、社会调查及"三下乡"服务等实践活动，也是有效的科研训练方式。这种教学与科研融合化的模式，对于学生来说有利于加强专业基础、拓展知识面和提高创新能力，尤其有利于培养科研能力及科学精神、科学道德和科学方法，不断提升人文和科技素养，增强为新时代中国特色社会主义建设做出贡献的使命感和责任感，也为学生的自主创新发展和可持续发展奠定基础。

（二）现代教育理念下高校教师要提高科研水平和能力

现代教育理念下高校教师要一手做教学，一手做科研，也就是"教研相长"——"结合教学做科研，以科研促进教学"。教师在教学中，只有坚持不懈地做好科研工作，才能提高自身的科研水平和能力，并促进教学水平和质量的提高。教师只有做好科研工作，才能不断地将自己研究的新成果体现在教学内容中，才能真正实现"教学与科研统一"；教师也只有有了足够的科研经验，才能更好地指导学生的科研活动。

例如，河北农业大学的几代师生以科教兴国、科教兴农为己任，从农林学专业理论知识教学的实际出发，创新实践教学路径，走出校门、走向农村、走进农民，服务"三农"，长期扎根山区，"把论文写在太行山上"，综合开发太行山，走出一条科研进山、振兴贫困山区的"太行山道路"和"太行山精神"，让科研成果转化为农民沉甸甸的收获，为贫困地区群众脱贫致富做出了突出贡献。

李保国教授是河北农业大学优秀教师中的杰出代表。李教授毕生躬耕太行，30多年里先后在贫困山区推广36项实用技术，累计应用面积1826万亩，培育农业科技人才千余人。丰硕成果的背后是艰辛的付出。单是土质治理，李教授和他的团队就整整研究了十几年……他被同事和学生誉为"太行新愚公""把最好的论文写在了太行山上"。尽管每年在太行山区蹲点半年多，他仍然承担着校内不小的教学任务，尤其是他一直坚持给本科生上课。不管外出多远、时间多紧，他总能及时赶回学校，没有耽误过一节课；为了激发学生学习的积极性、创造性并促成学以致用，他甚至把课堂搬到山上，在果园里给学生上课。"我们都知道他很忙很累，但他坚持要求排满自己教本科生的课程。他说教授给本科生上课很重要，能帮助学生们从一开始就爱上农林专业。"

上述关于高等学校的几个教学原则，都有其科学依据、内涵和作用，从不同方面对现代教育理念下高校教师的教学工作提出了基本要求。但这些教学原则又是相互联系、相互作用的，是一个有机统一的整体，不能孤立地看待每一个原则。现代教育理念下高校教师在教学工作中既要把握每条教学原则的精神实质，又要着重把握教学原则的整体功能，全面地加以贯彻，创造性地综合运用，以提高教学水平和教学质量。

第二节 现代教育理念下高校教学制度的价值理念与创新原则

制度建设与实践创新作为现代教育理念下高校教育教学和人才培养质量的重要保障，是尊重高等教育规律，培养学生创新精神和实践能力的需要，也是办人民满意教育、建设创新型国家、构建和谐社会的需要，现已成为现代教育理念下高校教学改革的重要研究领域。现代教育理念下高校教学制度创新的供给侧亟须更新，以适应诸多需求带来的巨大挑战。分析教学中存在的制度问题，探讨教学运行、教学管理、教学服务的理念基础、价值精神和创新原则，有利于健全立德树人落实机制，扭转不科学的教学保障与评价导向，建构以培养德智体美劳全面发展的人才培养体系。

制度一般指要求大家共同遵守的办事规程或行动准则，也指在一定历史条件下形成的法令、礼俗等规范或一定的规格。教学制度作为一种特殊类型的制度，与一般的社会经济、政治制度本质上是一致的，都是一种规范体系。制度的制定是为了更多的人创设适应有效教学的制度环境或者教学环境，也是对少数不当教学行为的约束和限制。良好的教学制度能够保证教学活动按照预期的方向顺利、有序进行。教学制度是提高教学质量的关键环节，分析教学中存在的制度问题，探讨教学运行、教学管理、教学服务的理念基础、价值精神和创新原则，有利于建构创新人才培养的保障机制。

一、现代教育理念下高校教学制度构建存在的问题

高等教育的发展已经实现精英教育向大众教育转化，教育的规模与数量发生了翻天覆地的变化。现代教育理念下高校教学制度的建立和完善变得越来越困难，一方面，现代教育理念下高校之外的学习变得越来越简单，途径也越来越多，在很多专业领域，维基百科、TED 视频、应用程序、在线课程、论坛、游戏及聊天室迸发出来。智能学习系统的开发和应用场景在现代教育理念下高校教学中也非常常见，相比传统教学，在线课程、混合课程几乎建立在完全不同的原则基础之上，学习时间更自由，教学材料更丰富，内容被切割成更多的小块。这些都鼓励了那些学习自觉性更高，教师、辅导员、教学管理人员依赖甚少的学习者，网络、电子资源成了他们学习的中心。在斯坦福的一门慕课中，来自全世界的 400 名学生完成得比斯坦福大学最优秀的学生还要好。换言之，斯坦福最优秀的学生被一帮自学者打败了。另一方面，教学制度中的评价系统也正在发生变化。可汗学院在提供与教材匹配的在线课程的同时，通过数据控制器检索所有学生，获取大数据信息，学生的网上行为被一一记录，时长、频次、作业完成时间、反馈及时性等等，有助于帮助教师全面把握学生的学习成效。姑且不论数据分析器是否存在道德考察和伦理考量，学生和教师确实在此评价系统中受益，对于看得见的提高，师生皆大欢喜。学生的学业表现被网络公示后，激发了学生更用心地创作。这些变化都弱化了教师教学管理者的作用，也弱化了传统教学制度的功能。在高度解析化的社会，传统教学制度面临土崩瓦解的危机，我国教学制度改进的理论和实践应对表现出滞后性。

我国已经成为世界上高等教育规模最大的国家。2017 年，全国各类现代教育理念下高校 2 631 所，高等教育在学总规模 3 779 万人，高等教育毛入学率达 45.7%，正在快速迈向高等教育普及化阶段。新一轮科技革命和产业变革扑面而来，新产业、新技术、新业态、新教育正迎接新的未来，国家创新发展和产业升级对人才的迫切需求前所未有。人才培养的政策环境与制度保障面临着更高要求和巨大挑战，然而，制度建设需要的理论支撑、人才支撑、平台支撑却依然相对不足，供给侧结构已远远不能满足教育需求侧结构的需要，尤其是不能满足当前现代教育理念下高校人才培养的需求。

（一）教学制度创新的理论支撑及科学化不足

我国现代教学制度除从古代《学记》等经典教育典籍中获取外，主要来自国外现代教育理念下高校教学经验，大多从美、英、俄、日、德等教学发达国家引入，但结合我国本

土现代教育理念下高校、立足本土思维的制度理论研究缺失，而国外的教学制度在试用和探索阶段容易出现"水土不服"和"走弯路"的状况。在有限的对大学教学制度研究的著作和论文中，大多探讨教学管理的基本流程、制度建设的常识性知识和操作性程序，而缺乏系统化的理论研究。多数学者从工作需要的角度出发，强调教学及管理的操作性层面革新，集中在组织制度和激励制度等方面的探讨，理论深度不够，尚未形成全面的教学制度研究框架。部分现代教育理念下高校教学制度建设一直处于探索阶段，其研究未受到足够重视，难以形成系统性的规则体系，经验管理痕迹依然很重，距离科学管理的路程还很远。

（二）教学制度建设的研究组织和平台发育不充分

现代大学已经加快了科学研究、科研发展的步伐，很多现代教育理念下高校设置了高等教育研究处、发展规划处、发展研究中心和相关研究室等机构，但研究大多定位为宏观政策研究，对具体微观的教学制度，主要还是在教务处，教学研究室等部门，通过长期的办学实践，陆续出台了有助于科研发展的规章制度，有效激励了科研成果的孵化。相比而言，教学的制度建设、制度研究、制度实践本应由参与教学活动的群体共同负责的工作被片面地看作是教学管理部门的职责，教务处成了既是制度研究主体，又是制度执行的主体，没有形成全校多元研究和教师群体共同关注的研究对象，很多学术造诣高的教师、研究型的科研组织很少关注教学质量和相应制度的建构，对教学及其教学保障相关制度的热情明显低于对科研成果的追逐。这也使得教学制度研究深度不够。伯尔曼指出"一项制度要获得完全的效力，就必须使人们相信制度是他们自己的"，在就需要吸纳多元利益相关者共同研究教学制度，多元共建的制度是"经得起重新谈判的考验"的教学制度。

（三）教学制度改革创新的路径创新不够

教学制度需要适应人才培养，尤其是创新人才培养的现实需求。受"路径依赖"和传统行政化思维的影响，集权式的制度生产方式，往往缺乏制度生成的创新路径，使得大学教学管理制度存在制度适应不良，忽视教育教学和大学教师身心的特殊性，难以有效培育大学教师良好的教学行为。当前，制度的文本数量已经超越了以往的任何时期，大学通过制度的刚性和约束作用，适应了管理的需求，却忽视了育人的保障，制度控制的刚性容易导致教学管理制度的非理性增长，控制代替了激励，教师会有消极的情绪，学生会产生逆反心理。良好的管理应当"既有纪律，又有自由；既有统一意志，又有个人心情舒畅"，在教学管理的制度生成和过程执行中，需要创新更多的制度生成路径和实施路径，让控制与教学自由之间达到一种平衡，刚柔相济，统而不死，放而不乱，既要有教师和学生的接受度，又让师生在育人过程中充满获得感。

（四）教学制度创新的方式方法单一陈旧

大学教学人员作为具有主观能动性的"理性经济人"，他们的教学行为选择要受到个体情感需要和物质利益需求的影响。制度设计需要从分析主体、时间、空间、文化、心理等因素入手，掌握并运用有效的基本方法，对教学习惯或已有条件进行更新。然而，由于制度依赖和惯性思维的影响，任何变化均需要付出相当大的工作量，甚至会因为调整一定的利益格局，制度创新往往成为费力不讨好的实施，经久不变的陈年旧法即便大众都知道有问题，有漏洞，但由于制度创新的方式方法单一成就，很难提出建设性的创新方式方法，难免会造成主观主义和命令主义的错误倾向，不易及时把握教师和学生的感情，造成激励无效，影响师生教学积极性和教学绩效。制度之间的衔接也缺乏相应的机制，因而选择适当的方法，并有效组合，从而达到事半功倍的效果。我国现代教育理念下高校教学制度建设大多采用借鉴历史、整合其他现代教育理念下高校教学制度为自己所用的方式，缺乏制度创新的合理性解读程序，没有很好地开展深入系统的研究和实践，制度具有局限性、稳定性和不确定性。

二、现代教育理念下高校教学制度建设的价值理念

历史制度主义认为制度是一种"连续的结构"，社会学制度主义认为制度是"文化规范"和"认知框架"，理性选择符合学校教学实际的制度框架文本，把制度建设成"规则的集合"。目前，保证教学质量和提高教学水平已成为高等教育改革的主要内容。前者是大学内部功能定位所决定，后者是人才竞争中的市场确定。在加强高等教育教学改革研究的同时，推进教学管理制度建设，克服制度建设固有顽疾，发挥制度建设在管理、评价、诊断、反馈中的积极作用，切实解决大学人才培养中的实际问题，为教学改革提供良好的制度环境，已是不容忽视的问题。通过制度的设定，逐步转变教学思想、教学内容、教学方法等内容的人性观、教学观和管理观，树立高效教学管理制度建设的新理念，是推进和切实保障教学改革的重中之重。

（一）坚持立德树人的理念

德为才之资，树人先立德。习近平总书记在全国教育大会上指出，"培养什么人，是教育的首要问题"。现代教育理念下高校具有人才培养、科学研究、社会服务和文化传承的四大功能。人才培养是其最核心、最根本的功能，贯穿于其他各项功能之中。大学作为高素质创新人才培养的重要基地，要准确把握立德树人的深刻内涵和实践要求，并将之贯彻到人才培养全过程、全体系和全环节之中。未来世界的竞争，归根结底是人才的竞争，科技的竞争，特别是创新人才的竞争。人才培养的质量提升取决于三方面的因素：观念、制度、人才。现代教育理念下高校建设和改革的基本出发点是"以人为本"，落实立德树人的根本要求，准确把握高等教育基本规律和人才成长规律，让学校所有工作都能真正回归常识、回归本分、回归初心、回归梦想。现代教育理念下高校师生首先是具有较高的知识水平，探索能力和创新精神的"学术人"和"知识人"。"办学以教师为主体，教学以学生为中心"，归根结底管理制度的设计是"为人"服务，切实加强制度的"为人性"和"育人性"。

（二）全面协调与可持续发展理念

人才的培养是全面发展的人才培养，当前，基础教育负担重，现代教育理念下高校学生负担相对较轻。教育部部长陈宝生也指出，要狠抓大学教学质量，坚持科学发展观，落实"以本为本，四个回归"，确保教学工作的中心地位。制度的"普适性"要求制度设计必须统筹兼顾，综合协调，而教学制度的指向性则要求制度设计在人才培养过程中应充分适用，切实扭转当前评价的四唯倾向，建立科学合理的多元评价机制。从现实来看，当前现代教育理念下高校效益来源，还很大一部分依靠学生学费收入，部分大学存在扩大招生规模的激情，缺乏注重质量的理性。加强规模与质量相互匹配，在制度设计上促进规模、质量、结构、效益协调发展，正确处理和保障教学与科研的协调关系，以科研带动教学，以教学促进科研；改善师生交往关系，从以教师为中心转向以学生主动发展为主，"学生中心、持续改进"，充分对话交往，发挥教学民主。

（三）质量优先与质量保障理念

习近平同志指出，中国特色社会主义进入了新时代，我国经济发展也进入了新时代，基本特征就是我国经济已由高速增长阶段转向高质量发展阶段。质量优先是质量时代的产物，强调高质量发展，意味着人才培养的高质量供给、高质量需求，高质量资源配置、高质量投入产出。教学管理的质量既包括教学质量、人才培养质量、公平道义的关注以及制度文化建设等。质量是制度建设优劣得失的重要指标，把握和关注这些质量要素是良性制度建设的前提。教学制度作为教学工作的重要保障，是对学生学有所得、学有所成的全面负责。我们所说的质量是全面发展的质量，其维度是立体、多元和动态的。不仅仅是知识质量，要建立健全具有参与性、公开性和透明性的各项工作制度、管理制度和评价制度，使学校的质量精神成为全体师生共同遵守的行为准则，自觉为学校的质量目标和质量方针实现而努力。

三、现代教育理念下高校教学管理制度建设的创新原则

关于制度的形成，施密特提出了一个强大的"观念性逻辑概念"，即制度形成的根本动力来自观念，其直接动力在于基于观念而生成的话语。现代教育理念下高校教学管理制度需要根据人才培养目标和规格要求，尊重传统又不拘泥于传统，适度的维持与适度的创新组合。现代教育理念下高校教学制度的创新，一是有赖于主体的自觉和理解，尊重制度的规范作用与引导作用，承认制度的价值并自觉遵从和执行。二是有赖于内生需求和动力，制度建设本身有追求"健全和完善"，力求理性与德性相统一，追求制度的理性和张力。三是有赖于周期性的等待与坚守，如万物有周期，制度的优劣得失需要时间检验，也需要时间去被认知和认同，在改革与坚持之间应当有静待花开的耐心，避免制度建设一直在变动之中。因此，我国现代教育理念下高校教学管理制度建设既要有辩证的思维，又要有科学的理性，追求创新又坚持原则。

（一）继承与创新相结合原则

管理的核心内容是在现有管理效能基础上有所提升，维持是基础，创新是方向。维持是保持现状，是求变创新发展的基本和载体。制度的发展需要保存制度的延续性和稳定性，否则就会让制度环境不可捉摸，主体也会显得无所适从，教师和学生在人才培养的努力中，容易缺失努力的参照和方向。尊重传统制度的管理优势，运用现有教学管理中的优秀经验，尊重现有运行模式，将经验管理进行科学化转化的一个必要环节就是教学管理经验的制度化、标准化和专业化。教学单位和相关部门需要改革教学管理制度，一方面，要正确对待"破"和"立"问题，谨慎推进和大胆创新相结合；另一方面，也必须承认，创新毕竟是一个过程，既非流行的口号，也非终结的目标。必须充分考虑大学人才培养的实际，把握办学和教学的规律，仔细思考部分制度"维持"和坚守的意义，既不能不顾办学规律蛮干，又不能固守成规，一成不变。既不能为创新而创新，又不能不顾办学实际，完全否定延续的制度体系。大学制度创新需要在局部突破时牢牢把握住其他部分的维持，创新是维持基础的发展，维持是创新的逻辑延续。

（二）制度建设与实践创新相结合原则

"与星星会固定地按照自然法则运转不同，人类在法律之下却有着自己自主的行为选择"，教学管理制度不是固化的文本形式。创新的前提就是调查研究和理性思考。创新是一个逐渐完善、螺旋前进的过程，创新是在规范基础上的创新。制度建设始终是规范层面的东西，必须通过不断的实践探索、科学创新才能把制度建设中的相关思想落实到具体的实践中。通过实践的创新探索，不断总结经验，又为进一步的制度建设提供有力佐证，并为丰富制度体系奠定基础。教学管理制度的变革性和创新性已经在人类教育活动实践中得到应用，还将继续成为一个生机勃勃的规范体系。保留制度中富有成效、合理的内容，实现教育的可持续发展，必然要有制度建设的创新精神和勇于实践探索的精神。

（三）整体把握与细节处理相结合原则

教学管理制度是一个复杂的制度系统，在制度设计时要充分把握全校教学工作的整体框架，面向全体教师和学生，关注教学的所有环节与基本条件，从整体把握教学管理的内容体系，同时又要重视制度设计的论证，充分考虑具体制度细节的可操作性与可测量性，确保制度运行合理有效，既全面管理又重点把握。细节处理是整体把握的必要保障，在整体中注重细节，在细节中体现整体。制度的建设和完善需要充分考量决策层、执行层、监督层的彼此衔接，在不同的制度体系中，还需要注意交接界面的细节把握，既要注重制度体系中的内部环节的一致性和有效性，同时还要注重外部制度和内部制度的彼此呼应，教学制度与人事制度，财务制度、后勤保障制度之间也需要衔接和配合。

（四）民主与集中相结合原则

"制度建构了个人选择方式以及对行为的有效塑造"。信息时代的到来，人与人之间越来越透明，教学行为也越来越被可视化和可量化。教学制度中既要充分尊重决策的强推进性，同时也要注重师生个体在教学行为中的表现特征，注重师生在教学中的话语权与表达方式。集思广益和众筹智慧越来越被教学决策者重视。数字化校园越来越重要，数字化、智能化管理普遍存在教学过程之中，个体被行为数据分析得越来越透明，人与人的差异被解析得越来越透彻，用普遍的制度去约束或引导教学行为的难度越来越大，教学中的民主正受到制度倒逼和技术倒逼，教学制度在创新和被创新中砥砺前行。

大学作为底蕴厚重的学术机构，是一个松散联合的组织系统，校院系及各学科专业之间在教学管理流程和方式上也存在巨大差异，教学人员的情感机制和教学运行的复杂网络，也很难依靠统一强硬的教学管理制度达到理想的管理效果。与此同时，数字化社会的到来，诸多新兴技术正在倒逼现代教育理念下高校教学改革，诸多以人为本的教学创新正在变成现实，如同人工智能汽车能够提升道路安全性和使用率，其正向价值显而易见。但是，为此我们也要为无人驾驶修改诸多的制度，交通法、保险制度、基础设施配套等等。教学创新和改革变成现实之后，我们同样需要在如此自由和个性化的校园，提供更丰富的教学制度，我们需要一种新的制度性结构与之相适应，我们面临教学方式、内容、方法和智能化技术手段的冲击、解析和解体，甚至包括教学组织形式的解体，教学制度的建设专家逐渐也将面临更多的现实问题，有些问题可能我们甚至毫无头绪，在构建现代大学制度基础上，如何提高现代治理能力和教学管理水平，依然是个永恒的话题。

第三节　现代教育理念下高校教学管理如何贯彻以人为本原则

现代教育理念下高校是教育事业的主阵地，其教学质量的高低与社会的发展有着直接关联。现代教育理念下高校教学管理作为现代教育理念下高校管理工作的重点领域，需要贯彻以人为本的理念，这既是实现培养高质量人才目标的需要，也是教学互动正常开展的重要保证。在现代教育理念下高校教学管理工作中贯彻以人为本理念应突出以教师为本，以学生为本，建设一支有人本理念的管理队伍。

一、以人为本理念与现代教育理念下高校管理

新时期"以人为本"打破了这一发展的标准，把人的全面发展作为社会发展与进步的标准，更多地将人作为各项工作的中心，以追求更加和谐的社会关系。以人为本的思想是一种系统概括的思想，指导社会发展和各种管理事物，不同领域有着不同的体现形式。对于现代教育理念下高校教学管理领域而言，坚持以人为本思想的管理，就是以师生为主体，

追求师生全面发展和自由发展，从师生的自我管理基础出发，按照教育的整体目标引导教育教学活动，通过组织师生的不断努力实现全面的自由发展的管理。

二、现代教育理念下高校教学管理中贯彻以人为本原则的现实意义

现代教育理念下高校教学管理是"建设、改革和管理"的有机融合，是通过一定的管理程序和管理手法对教学活动进行规划、组织、指导和控制，最终实现教学目标的过程，涉及内容广泛，是现代教育理念下高校管理工作的重中之重。现代教育理念下高校教学管理贯彻落实以人为本原则，确立以学生和教师为中心的管理模式，有利于激发学生和教师的学习工作积极性，有利于各项工作的开展，具有以下几个方面的优势：

有利于调动多方的积极性。现代教育理念下高校管理涉及的三个最主要的管理因素，学生、教师和管理人员，组成了现代教育理念下高校教学管理体系。以人为本的贯彻落实还需要更好地发挥三者的关系，充分调动工作积极性和创造性，发挥更好的管理效果。高效的教学管理模式，需要从招生注册开始，细化教学计划、教学过程、学籍管理等环节的框架，符合实际，科学可行。以人为本的现代教育理念下高校教学管理，做到以学生、教师和管理人员为核心，从人的利益角度出发，维护好、尊重好、实现好人的各种要求，得到人的认可，才能真正发挥管理体系的学习工作热情。

有利于创新人才的培养。创新是发展的核心动力，没有创新也就没有新技术新思想，发展也就失去了动力。以人为本的现代教育理念下高校教学管理扩大了创新人才培养的有效途径，因为学校本身就是培养创新人才的地方，全面发展、具有创新思维和创新能力的人才对于社会发展来说至关重要。以人为本的现代教育理念下高校教学管理突出了创新意识教育，强化主观创新观念，不再束缚和限制个人的发展，以充分地发展自由刺激创新能力。以人为本的现代教育理念下高校教学管理还转变了传统的人才观念，以更加符合时代需求的模式进行人才培养，摒弃陈旧落后的课程设计，增加现代化的内容，以新发展和新成果引导学生发挥主观能动性，提高创新能力。

有利于多层次的教学管理。教学工作是现代教育理念下高校的基础工作，教学管理则是保证基础工作顺利开展的关键。以人为本的教学管理从制度上和规范上都与社会需求紧密结合，围绕科学管理体系健全了管理层次，进一步明确了具体的管理职责，教学过程中各个方面都能按照既定的方式进行，活动双方也有更强的参与性，提高了教学活动的质量，更提高了教学管理的效率。

三、现代教育理念下高校教学管理中以人为本原则的具体要求

现代教育理念下高校教学管理是一个庞大而复杂的系统，最主要的管理对象包括教师、学生和管理人员。现代教育理念下高校的教学管理又是一个全面的系统，体现了以人为本

的思想，管理对象相互关联又独具特色。现代教育理念下高校教学管理以人为本的原则主要突出在以下几个方面：

现代教育理念下高校教学管理要突出以教师为本。要在现代教育理念下高校教学管理中突出以人为本的原则，就必须将以人为本的目标细化，明确具体的管理措施，把以人为本落到实处而不只是停留在理论上。在教学管理中，以人为本原则主要表现在以教师为本上。确定教师的地位并明确教师的职责，充分为教师着想，维护教师的根本利益。

贯彻以教师为本的原则，首先要从教学活动中肯定教师的指导作用。教学活动中，教师是主导者，是实践者，更是改革者。学生是教学活动的客体，也是实践对象和改革对象。教师的主体地位决定了相应的职责，教师要实践教学活动，要进行教学活动的设计和指导，也就是说教学活动是教师的"主战场"，突出以教师为本的原则，就要在教学活动中突出教师的导向作用，这个导向作用主要体现在教学内容、教学方法和教学组织的设计与实施中。

现代教育理念下高校教学管理要突出以学生为本。教师的主体地位体现在教学活动的主导作用上，那么我们也需要肯定和重视学生在教学活动中的主体作用。坚持以人为本，学生在教学活动中的中心地位坚定不移，现代教育理念下高校教学管理要处理好师生之间的关系，达到最好的教学效果。

首先，学生是教学活动中获取知识的主体。在教学活动中，学生要学习新知识，掌握技能，提高思想道德品质，提升综合素质能力。所谓教学，教是为了学而存在的，教的效果也直接体现在学生的学上，教学质量也就是学生学习质量，这一系列的活动都体现在学生转化知识的行为方式上，所以说学生在教学活动中有着不可忽视的重要性。如果说把学生作为知识的"容器"，学生始终处于一个被动的状态，知识的转化过程几乎没有学生的参与，教学活动怎么可能协调进行，学生也得不到应有的发展。因此，教学管理中，要明确突出以学生为本的原则，将教师的导学和学生的主体作用相结合，强调以教师为本的主导作用，同时也不忽略以学生为本的学习过程。相应的，如果学生不会学习，不去主动地学习，教师采取的教学手段也得不到任何效果，也就无法突出以教师为本的主导作用了。

其次，要注重教师与学生的互动过程。现代教学理论中对于教学活动中师生关系有了更加科学的观点，因为师生之间的沟通为知识的流动提供了一个良好的"网络"，双向地调动了教师和学生的参与积极性，学生在与教师的沟通中，主体地位充分体现出来，学生感受到自己受到了更多的重视，增强了学习的信心，建立了更高的师生信任度，有利于教师的教学手段达到预期目标。

再次，学生是充满活力的。学生在学习活动中主体地位的体现就是能动性，这个能动性极大地反映了学生的活力。如果教学活动中，每一个学生的优点和特点都得到了表现，学生会感到自己受到了更多的尊重，从而激发学生的潜力实现更加全面的发展。学生的活力还不仅体现在课堂上，还体现在课堂外的各项互动，所以以学生为本，更要注重学生的全面发展，自学能力的培养、创新意识的培养和实践能力的锻炼，都需要在教学管理中得到落实，这样才能让学生行使选择和发挥的权利，主动发展更加积极更加全面。

现代教育理念下高校教学管理需要一支有人本理念的管理队伍。由于受传统观念的影响，专业知识的缺乏，在部分管理者的理念和思想中，还没有真正树立服务理念，仍然重管理轻服务，缺乏与教师、学生的沟通与交流的能力，这种缺乏"人本管理"的理念既不利于激发师生的教学热情和内在潜能，也不利于管理人员在工作上创新，不适应现阶段现代教育理念下高校改革和教学管理发展的需要。在现代教育理念下高校教学管理中贯彻以人为本原则，还需要建设一支有人本管理理念、专业知识娴熟、具有一定的组织管理能力和管理协调能力的高素质管理团队。他们能结合当代现代教育理念下高校教学实际情况发现问题并及时解决问题，有科学的决策能力，对现代教育理念下高校教学活动有一定的调控功能，并且不断更新先进的管理手段和管理理念，以适应不同社会环境下的管理工作。

总之，现代教育理念下高校教学管理中，首先要确立服务意识，服务于人才是真正将人作为工作发展的中心。其次应给管理者提供发展空间与培训机会，学习科学的管理理念和管理手段与方法。再次就是要明确管理目标，想学生所想，解教师所急，满足教学活动发展的各种条件，让师生在良好的环境中都能得到充分的发展。

第四节　基于教师专业化的现代教育理念下高校教学质量监控原则

教师专业化与教学质量监控是教育实践研究中的热门与焦点问题，在厘清二者内涵，分析二者相关性的基础上，经研究，现代教育理念下高校教学质量监控应遵循以下三个原则，上下贯通，即：以上级要求为依据与以教师意见为参考相结合；动静结合，即：进行常态化的相对稳定的量化考核与实施动态的评价过程相结合；宽严相济，即：严格按照教学质量监控标准及程序实施评价测量与进行弹性管理相结合。

在现代教育理念下高校系统的教育教学过程中，师资队伍质量是影响教育教学质量的关键，教学质量监控是保障教学质量达到预期目标的管理活动，现代教育理念下高校在实施教学质量监控过程中，应避免因制度标准的统一性、程序性以及不灵活性导致的阻碍教师专业化发展的弊端，充分发挥标准规范的考核对教师专业化的引导与促进作用，实现现代教育理念下高校以质量谋发展，以质量促发展的目的。

一、内涵阐释

教师专业化。教师专业化，最早提出是在 1966 年联合国教科文组织和国际劳工组织的《关于教师地位的建议》。我国在 1993 年《教师法》中规定"教师是履行教育教学职责的专业人员"，之后，于 1995 年确立了教师资格证书制度，加强了对教师专业地位的确认，促进了教师专业化的发展。

教师专业化的内涵，因对其考察的视角不同，而体现出差异性。对于现代教育理念下高校教师发展而言，教师专业化指教师通过传授学业知识实现良好的教学效果，使学生在德、智、体等方面全面发展，为社会培养合格人才。对于现代教育理念下高校人才培养目标而言，一是体现为现代教育理念下高校教师因具有丰富的专业知识而成为某一学科的专家，二是肩负着教育学生成为有用的社会人的重担，要培养学生正确的世界观、价值观、人生观。

基于以上分析，可以得出，教师专业化是教师在教育实践中持续进步的动态发展过程。不仅包含教师专业知识的不断学习与充实，也包含教师职业态度以及教育教学方法的持续改进，其核心体现为教师内在专业结构的改进与教学水平的提高。

教学质量监控。教学质量问题一直是各现代教育理念下高校关注的焦点，在我国高等教育大众化的形势下，教学质量监控问题也受到越来越多现代教育理念下高校的密切关注，不仅是研究的热点也是亟待加强的重要工作。教学质量监控指的是计划、评价、监督、反馈以及调节的全面持续运行过程，现代教育理念下高校通过依据上级教育部门的相关规定要求，制定相应的教学标准与规范，评价、监督教育教学过程的各个环节，包括对学生学的监控、教师教的监控以及教学管理过程的监控等全方位。其可以概括为以提高教育教学质量为目标，促进现代教育理念下高校的教育教学工作按预期的计划进行并最终实现培养目标的活动过程。

二、相关性厘定

教师专业化与教学质量监控在内涵上具有差异性，但二者也存在密切的相关性。

二者的关联性。从各自内涵看，虽然教师专业化与教学质量监控因针对具体问题的角度不同而呈现出差异性，但二者也存在密切的相关性。首先，二者目标的一致性，教师专业化与教学质量监控的最终目标都是提高教育教学质量。其次，二者内涵的相互包含，对教师教育教学的评价是教学质量监控的重要内容，教师通过专业化发展也是实现监控标准，提高教育教学质量的有效保障。最后，二者运行过程中的相互扶持，教学质量监控对教师教育教学行为制定了标准与规范，该标准与规范不仅是教师专业化发展的要求，也对教师专业化发展起到引领的作用，因此，教师专业化发展能够促进教学质量监控目标的实现，教学质量监控的实施也推动了教师专业化发展进程，二者相辅相成。

二者的不适应性。教师专业化与教学质量监控因最终目标都是提高教育教学质量，而具有目标一致性，然而，在教育教学过程中二者体却体现出不适应性。一方面，教师专业化发展是动态过程，具有自身的规律，在教师发展成长的不同阶段，会体现出专业水准、专业理想等各方面的差异性。而教学质量监控却只能以制定出的较为优秀的教师的教学行为及效果作为评价标准。另一方面，由于高等教育本身的特点，学科知识的复杂性，现代教育理念下高校教师的专业知识、能力和素养会存在差异，现代教育理念下高校教师在教育教学理念、方法以及专业追求等方面会体现出一定的独特性。可见，教学质量监控在促进教师专业化发展过程中存在诸多不适应的环节。

三、原则分析

鉴于以上分析，在教学质量监控过程中应贯穿以考核标准为纲与以人为本相融合的理念，既要考虑质量监控标准与规范的制度约束作用，也要考虑教师专业化发展的动态性过程，在发挥教学质量监控规范作用的同时引导与促进教师专业化发展。

上下贯通。上下贯通原则主要是指以上级要求为依据与以教师意见为参考相结合。教育过程的复杂化致使教师专业化不是单一的过程，教学质量监控不仅要尊重上级部门，比如国家、地方的教育发展政策与规划，制定现代教育理念下高校的教育教学质量监控标准，同时也要关注教师的感受和需求，在教学质量监控标准制定与实施监控过程中加强与教师的沟通，将教师在教育教学过程中的总结体会以及对教学质量改进的意见建议作为提高教学质量监控与管理活动的重要参考，从教学管理层面发挥教师对教学质量提高的重要作用。

动静结合。动静结合原则主要是指进行相对稳定的常态化的量化考核与进行动态评价相结合。作为教学管理活动的教学质量监控工作，必须有监控的标准作为依据，考核标准的科学化、量化有助于考核的实施，并且考核标准要具有一定的稳定性，质量监控的实施也要形成常态化。然而，鉴于教师专业化的动态性与阶段性特点，其影响教学质量的重要因素不是仅仅依据程序化、量化的考核方式就能够测量与控制，因此，在监控实施过程中应针对教师专业化的不同发展阶段，体现出评价的动态性特征以及教师的进步性特点。

宽严相济。宽严相济原则主要是指严格按照教学质量监控标准、程序实施与进行弹性管理相结合。一方面，要严格按照相关政策文件要求以及现代教育理念下高校办学实际，制定科学合理的质量监控标准规范，并实施严格的质量监控以保障日常教学的正常运行；另一方面，对监控目标实施严格考核的基础上体现管理的弹性化。比如，对于教师按时上下课，按程序调停课，课程开课学时数以及开课学期等的监控要严格按照要求落实；而由于教师因处在不同发展阶段所体现出来的专业知识、专业态度等的差异性要区别对待。因此，在教学质量监控过程中应针对教师所处的发展阶段及整体工作状态，对现代教育理念下高校教师实施弹性管理，在质量监控过程中考虑到不同教师所处的发展阶段，对其教育教学行为进行差异化的考核评价。

教师专业化是提高教育教学质量的基石，是一个不断趋于完善的发展过程，在教学质量监控的实践中应秉承制度规范与人文关怀相结合的理念，消除教学质量监控对教师专业化发展的不利因素，提高教学质量监控对教师专业化发展的促进与引导作用，这也是广大教育工作者需要在实践中不懈努力与奋斗的目标。

第五节　现代教育理念下高校音乐教学多媒体技术的使用

随着现代教育理念下高校教学走进数字化时代后，多媒体系统已经成为现代化教学手段的典范。尤其是其直观性强和交互性良好的特征完全符合现代教育理念下高校音乐教学的需求。笔者经过实践教学发现，现代教育理念下高校音乐教学可以运用多媒体系统实现师生交互式的教学，是对原有传统教学模式的更新，同时也进一步丰富了教学内容，促使课堂教学的信息量有了较大的提升，有利于拓宽学生的音乐视野，让他们的音乐思维得以深入发展，更重要的是活跃了课堂，激发学生的主观能动性，实现了教学与学习的有效性。

现代教育理念下高校音乐教学利用多媒体技术让单一、抽象的音乐变得多维而具体，在技术的支撑下，音乐教学实现了动态化，已经成为音乐教学过程中重要的辅助手段。但是，在实际运用中，一些教师过分依赖多媒体技术，出现误用滥用的现象，因此，在音乐教学过程中，关于多媒体的使用必须遵循其使用原则，教师需要经过培训，保证充分掌握多媒体技术的应用方式与方法，从而实现课堂教学的有效性。

一、现代教育理念下高校音乐教学中多媒体技术的使用原则

辅助原则。多媒体技术在音乐教学过程中的作用是辅助教学，完成教学要求，实现教学目标。因此，课堂教学过程中，需要准确定位教师、学生和多媒体之间的关系，遵循"教师的主导地位、学生的主体地位和多媒体技术的辅助地位"的原则。课堂教学的实质是师生互动的过程，音乐教学是一种传递情感的艺术，因此教学中更关注师生之间的情感互动与沟通。所以教师充满激情的演示和鼓励的眼神沟通是多媒体技术无法复制和替代的。因此，教学过程中，所有的教学活动都是通过教师积极指导、学生主动探索完成的，而多媒体技术则提高了课堂教学互动性的附加值，实现了音乐教学质量的显著提升。

视听协调一致的原则。教师准备音乐教学课件过程中，其图片、动画的选择要与音乐紧密相关，保证视听协调一致，这样才能够有效激发学生的能动性，让学生能够充分融入课堂的教学中，从而实现教学目标，有效激发学生的创造性。每一门学科都应该鼓励学生不断提高自己的学科素质和见解，音乐教学也不例外。其教学目的也包括激发和保护学生在音乐试听过程中的独立见解和学科态度。艺术是个性化的，学生的感受和个性应该得到保护和鼓励，才能让艺术发扬光大。不同学生之间的艺术层次和能力都存在一定的差异，因此要保证每一名学生都能够积极融入多媒体教学之中，利用其协调统一的声画结合的多

媒体课件让学生对音乐作品有更深层次的理解。但是音乐多媒体课件具有一定的局限性，无法完全表述音乐的所有内容，将不利于学生在情感上对艺术和音乐进行想象。

适度原则。多媒体技术教学与传统教学技术相比，其优点体现在多种视听手段和方式的应用，让课堂教学更加多元化、多维化、多途径化。然而，多媒体作为音乐教学中的一种教学手段，在实际应用的过程中要把握好适度原则。所谓适度，就是教师在使用多媒体的时候，要根据自身音乐教学的实际需要，选择符合课程本身的教学内容，并使之操作简单。只有这样，教师才能在教学过程中利用各种教学资源，提供符合教学条件的多媒体资料，使学生掌握教学重点和难点，甚至学生可以在没有教师指导的情况下自学，有利于提高学生的自主学习能力。

二、多媒体技术在现代教育理念下高校音乐教学中应用的对策

搞好教学方法与现代化教学手段整合。现代教学手段的一个重要变革就是多媒体技术在教学中的广泛应用，在使用多媒体教学的过程中，要有与之相适应的现代教学理念，否则就会影响教学效果。更不能不考虑学生的学习状况，一味地由老师进行灌输。一味地进行灌输，会使学生产生乏味和疲劳感，进而会使学生失去学习的兴趣。这在这种情况下，教师应该树立现代教学观念，将多媒体教学方法与现代教学手段结合，在实际中不断提升教学能力。在现代教育理念下高校音乐教学的过程中，教师与学生之间的交流非常重要，然而当在教学中引入多媒体后，大大丰富了课堂教学内容，但也存在灌输式教学的风险。一旦教师在教学过程中采用灌输式教学，师生之间的交流势必减少，当教师只顾自己讲课，不顾及学生的反映，课堂教学质量也会随之下降，这样不但没有实现多媒体教学的目的，反而成为教学中的制约因素。因此，教师在教学过程中应该要适时地提出一些问题，并让学生去思考并回答问题，另外可以适当增加小组讨论，将学生分成若干小组，共同讨论一个问题，然后选择一个代表向大家演示，这样既可以提高学生的课堂参与度，还可以提高学生学习的积极性，这才是多媒体教学的真正目的。在采用多媒体教学过程中，应该利用多种教学途径，培养学生创造性思维，这就需要教师在教学过程中不断启发学生，培养学生的创新能力，使学生不拘泥于书本。如果教师不能观察学生的课堂反映，就不可能对学生课堂反映做出反馈，并根据反馈调整教学内容，最终会使教学效果大打折扣，使学生丧失了学习的积极性和主动性。简单来说，就是要求教师时刻观察学生的接受状况，根据学生特点选取课堂教学内容，并及时调整，提高课堂教学效率，使大学音乐课程丰富多彩地展现在学生面前。

构造多样化的音乐教学模式。教学模式是指在一定的教学思想指导下，围绕着教学活动中的某一主题，形成相对稳定的系统和教学模型。在现代多媒体教学手段的支持下，教师应该研究如何构建教师、学生、多媒体三位一体的教学模式，并在此基础上构建现代音乐教学模式。教师应该根据教学内容和教学目的的不同，使用不同的教学模式。针对基础

知识和理论知识的一致性，教师可以采取合作式教学，其目的是通过对已有知识的激活，然后促使学生能够识别新旧知识之间的关联性，促进学生探究性学习、自主学习和学生彼此之间的有效合作性学习。教师可以利用多媒体技术，针对学生自身的能力水平，通过教师与学生之间的有效沟通与互动，逐渐提高学生的音乐技能，并且有助于不同能力水平的学生之间相互促进。此外，教师可以让学生充分利用多媒体技术，展现自己的才艺，让他们能够拥有更多的创新表演的机会，提高自己的创造力。教学的过程中，教师应该利用多样化的教学模式和教学手段，实现每一个教学环节的目的和要求，为学生提供更多的音乐体验机会，提高学生的音乐水平。

科学选择教学手段。教学手段的选择必须依据科学的教学理念。尽管多媒体技术具备很多优点，但是从教学的整体要求和学生的学习目标角度而言，一种教学手段是无法满足所有学生的学习需求的，也无法有效实现教学要求。教育界的实践表明，所谓最好的教学手段必须是针对具体的教学内容和目标而言的。尽管在多媒体盛行的时代，大力提倡课堂多媒体、数字化等理念的引进，但是并不意味着对其他教学手段和方法的否认，而是要针对具体的学习情境和需求，以及学生自身的特点，教师选择合适的教学手段，或者是多元化的教学手段，共同实现教学目标。达到预期的教学效果。

多媒体课堂教学过程中，学生是主体，教师要将学生的差异化特点充分考虑到课堂教学活动的安排和设计之中，尤其是学生的接受能力，教师应该充分了解，从而实现传统教学手段与多媒体教学方式两者之间的相辅相成，互相促进。例如，对于课堂音乐作品的赏析，教师可以将作品用多媒体技术进行剖析，但是里面涉及的一些类似作品，教师可以通过激发学生的发散思维，进行头脑风暴，利用板书写出一系列相关的作品，从而进行教学内容的补充，满足教学需求。不同的教学内容对教学设计提出的要求也是不一样的，例如一些具有操作性和实践性较强的教学内容，则应该选择图片或视频进行补充教学，所以多媒体技术和网络多媒体则能够充分发挥其功效。此外，还有一些文字内容丰富的课堂教学或逻辑思想较强的教学内容也无法使用多媒体技术，这些并不奏效，甚至适得其反。因此，不同的教学内容要选择不同的教学手段来实现教学目标，完成教学任务。

精心设计教学过程，提高多媒体课件质量。教学过程的有效设计是达到良好教学效果的最佳方法。教师在设计过程中，必须首先定位学生与教师的角色，基于对学生学习特征的合理分析与教学内容的充分研究，结合不同的音乐专业教学知识，设定个性化的课堂教学目标，提供多样化、合理的课堂教学情境，选择与之相符合的教学策略，进而设计合理的教学活动，安排教学内容，并且运用恰当的教学手段实现教学效果。与此同时，教师在设计的过程中要充分关注学生的学习动机与兴趣，能够有效调动学生的视听系统，让学生真正走入音乐体验的氛围，接受音乐作品的感染力与表达力。让学生的学习过程更便捷、更高效。

教师进行教学课件的制作过程分为三个阶段。第一，制作前的思考阶段。该阶段的教师必须将教学目标研究透彻，从而为教学内容的选择提供必要的支持。第二，制作过程中的选择。包括教学内容的选择，教学材料的选择，教学重难点的选择。第三，制作后的试运行阶段，教师制作课件后必须进行演示，才能够把握课堂教学节奏，诊断教学内容是否满足需求，是否符合学生的认知规律。只有这样，教学课件的设计才能够具有创造性，并能够实现教学要求。多媒体课件的制作还要充分考虑界面的友好性。即应该处理好画面与教学内容中的重难点之间的关联问题。需要遵循美观、得体、色彩丰富等原则。

全面推进音乐现代化教育进程，创建现代化教育环境。现代教育理念下高校音乐教育已经进入了现代化的教育进程，为了进一步符合时代的教育需求，满足当代的教育理念，其教育发展必须遵循合理性、先进性、科学性三大原则。在这个加速发展的进程中，多媒体技术的理论与实践是其核心的理念，所以，大力发展学校的音乐教学软件与硬件建设是迫在眉睫的。多媒体是教学采用的有效工具，能够促进教师教学水平的提高和学生学习能力的提高。但是，教学不应该被多媒体技术左右，应该更加自主化、灵活化，才能够符合时代发展的需求。

在科技不断创新的今天，多媒体技术自身也迅速地发展和升级，其广泛的应用将促进我国高等教育的课堂教学质量提升，尤其是对我国传统现代教育理念下高校音乐教学观念、教学内容、教学模式、教学方法和教学理念都会带来巨大的影响，同时也为音乐学习者提供一个更有效的学习与互动沟通的课堂氛围和环境，有利于激发学习者的学习热情，为其有效学习开辟了一条合理的途径。多媒体技术的优势为我国高等学校音乐教育、教学的深化改革开创了一片崭新的天地。

第三章 现代教育理念下高校网络教育教学研究

第一节 网络教育资源的应用对现代教育理念下高校教学的影响

网络教育资源的全面覆盖是国家发展和高等教育发展的大势所趋，网络教育资源在现代教育理念下高校教育中的应用凸显新的问题和挑战，其发展的速度和影响重塑了现代教育理念下高校教师、学生和教学管理三方的观念，高等院校作为国家和社会人才培养的核心单位，要尽早客观地面对由网络带来的冲击和改变，尊重学生自主选择和个性发展，注重学生的创新能力的培养和合作能力的培养，为师生在新形势下提供更大的专业能力发挥空间，进而营造和谐、向上、奋进创新的现代教育理念下高校文化氛围。

《国家中长期教育改革和发展规划纲要（2010—2020年）》第十九章"加快教育信息化进程"指出："信息技术对教育发展具有革命性影响，必须予以高度重视。加强优质教育资源开发与应用，加强网络教学资源体系建设，引进国际优质数字化教学资源，开发网络学习课程，建立开放灵活的教育资源公共服务平台；促进优质教育资源普及共享，创新网络教学模式，鼓励学生利用信息手段主动学习、自主学习，增强运用信息技术分析解决问题能力。整合各级各类教育管理资源，搭建国家教育管理公共服务平台，为公众提供公共教育信息，不断提高教育管理现代化水平。"

生活中的网络化已经改变了我们的消费习惯和生活方式，而网络教育资源使我们在获取知识的途径上发生了翻天覆地的改变，由网络带给我们知识的宽广性和专业性，是传统教学无法想象的。网络教育资源具有"多样性、便捷性、共享性、时效性、交互性"的特点，这些特点势必将现代教育理念下高校带入高速发展的道路上，高等院校作为国家教育体系中的上层，必须洞悉社会发展带来的变化，与时俱进，根据技术的发展改变教学模式和教学理念，将现代教育技术同社会发展有机结合。网络信息化技术在高等教育中的应用，给现代教育理念下高校教育领域带来新的发展机遇，网络教育资源在现代教育理念下高校的主要形式是网络课程，这种新型教学模式与传统课堂教学相比，具有资源共享性、学习的自主性、课程结构的开放性、学习的协作性等特点。全国、全省各现代教育理念下高校运用网络教学模式的院校逐年增多，课程购买量大幅提升。充分印证了网络教学在教学课程模式改革、鼓励学生自主学习、降低教学成本、弥补教学资源不足和分配不均等方面所起到的积极作用。

一、网络教育资源在现代教育理念下高校应用的现状

目前我国各现代教育理念下高校校际信息资源共建共享工作取得了较大的成功。各现代教育理念下高校为实现信息资源的共建共享进行了不懈的努力，如建立各种图书馆联盟、中同高等教育文献保障系统（CALLS）、中国现代教育理念下高校人文社会科学文献中心（CASHL）、国家精品课程资源网。其中国家精品课程资源网是教育部质量工程项目，网站集中展示了 4000 多门国家级精品课程和 2400 门国外 OpenCourseWare 课程，为广大教师和学生提供广泛的教育教学服务。但是从现代教育理念下高校网络教育资源的建设情况看，教育资源缺乏整体规划在建设、利用、管理方面存在一些问题，导致信息资源分散、利用率低等诸多问题。

现代教育理念下高校网络通识性课程选取较多，但是专业课程难以选择。网络通识课程涵盖现代教育理念下高校必修课程或基础课程，这类课程要求基本一致，便于在网络教育资源中寻找出优质的课程资源。但是对于专业课程很难选择，由于资源质量水平参差不齐，开发利用的广度和深度不足，许多资源不能满足不同现代教育理念下高校的专业教学需求，资源利用率不高。

学生学习积极性高，但是学习成效不理想。网络课程的开设，从学习形式上对学生具有很强的吸引力，但是在学习过程中对于信息的分辨、获取、加工、整合能力很不足。同时，多数网络课程还是将传统文本课程与计算机网络技术相整合，搭建或利用教学平台，填充教学内容，依然用"线上"的手段做"线下"的工作。缺乏对网络课程这种授课形式的思考和创新，缺少对学习过程的设计、指导和监督。学生学习自觉性显得尤为重要，同时，网络课程的考核机制有待完善，选修网络课程还存在以"混学分"为目的的学习。

课程资源有限，无法真正满足个性化的需求。学生线上的自主学习很容易、很便捷。但是现代教育理念下高校实际认定学分的课程由于管理成本、课程大纲、专业的要求等方面限制，只能开设一定数量的课程，还无法充分满足个性学习的需求，对于网络课程的选择与专业课堂授课之间还需要进一步统筹兼顾。

教育资源与知识产权之间仍存在矛盾。尽管我国政府和各行业在积极探讨互联网知识产权相关法案制定，目前如何界定网络知识产权本身还是一个模糊的概念，还存在如何客观地协调和平衡知识产权的专有性和网络教育资源共享的开放性之间"度"的矛盾问题，这个问题始终是影响教育资源建设的一大难题。

二、网络教育资源重塑"教师、学生、管理"三方的观念

网络课程从教学角度可以分为三种类型：课堂授课型、自主学习型和协作研究型。从授课形式上看，其发展路径：最早通过网页提供教学资料、远程网络授课，之后发展为要求学生通过电子邮件、公告栏、网上练习进行双向交流，到现在 MOOC（Massive Open Online Course）的出现，让人们看到信息技术与高等教育深度融合的端倪，MOOC 的大规模应用创造了一个全新的、公平的教育模式，开始真正关注学生个人和社会现实的需求，反映了自主学习和终身学习的教育价值取向，加快了高等教育大众化和国际化的进程。它作为一种新颖的网络化课程学习模式实现了教育要尊重差异，使学习者自我选择并生成个性化发展的这一优势特征。

教师转变观念。获取知识的方式发生改变，教师群体分工趋于专业化和多元化，失去知识垄断性的教师靠什么留在课堂，靠什么留住学生。单纯提高专业知识已经很难适应这种变化和社会需求。教师要转变观念，认识到自身已经不是学生知识的唯一来源，教师要转换角色，从学科纸质的传授者变革为引导者、辅助者、促进者和评价者，教师的角色从传统的指令性教学转向建设性学习服务。教师要加强学习，迫切需要发展信息化教学能力，提升自身的数字媒体素养。

学生终身学习观建立。网络教育资源打破了知名大学的围墙，为普通民众学习世界上最优质的教育资源打开了大门。知识爆炸性的冲击，使学习知识更为容易，重塑着人类的思想方式和行为模式，让网络化的社会教育和终身教育得以实现，推动了高等教育理念向着民主化和社会化的转变，拓展和强化了高等学校人才培养的社会化服务职能。

教学管理服务化。网络教育资源的广泛，获取知识比以往更容易，知识观点"新奇特"对师生的影响，为现代教育理念下高校教学管理提出了新的要求，如何加强对网络教育资源的引入和管理，如何让师生在新形势下认识到教育的目的仍然是促进学生的发展，所以衡量网络教学资源的有效性，一定要把学生的发展作为评价的核心标准。高等学校教学模式需要从以"教"为中心向以"学"为中心转变，以课堂教学为主向课堂内外相结合转变、以结果评价为主向过程、结果评价相结合转变，从而达到师生互动、课堂内外互通、结果过程互融的新境界。

三、网络教育资源的发展前景

网络教育资源在现代教育理念下高校中的应用对于传统教育体制、教学思想、教学目标、教学手段和方法及人才培养方面都带来了很大的冲击。网络教育资源这种形式上对高等教育的影响，也让我们回归到对教育本质的思考。北京师范大学余胜泉教授所说："在大数据的支持下，未来学校的形态相对于靠外部指令而形成的他组织来讲，更是一种自发形成的自组织。"选择性、个性化、精准化将成为未来学校教学管理方式变革的基本趋势。

传统课堂模式淡化、课堂内学时制度的不断灵活；教学内容个性化，学生评教网络化；教学管理服务化，趋向于提供便利、灵活的服务。现代教育理念下高校提供更多的学习资源，创造宽松的学习环境，将自然科学、人文科学、社会科学有机结合，尊重学生的自主选择，尊重学生的个性化发展，注重通识教育，注重学生创新能力的培养和合作能力的培养。也许今后现代教育理念下高校培养的人才将更少的具有"母校气质"，而是呈现出学生素质的整体提高。

国家提出现代教育理念下高校要加强优质教育资源的开发与应用，促进优质教育资源的普及共享。网络教育资源的全面覆盖是大势之趋，"十三五"期间，要按照"构建网络化、数字化、个性化、终身化的教育体系，建设'人人皆学、处处能学、时时可学'的学习型社会"，教育信息化不仅是教育手段的变革，更是教育理念、教育体制、培养模式、教学方式和内容的变革。教育信息化是信息时代教育改革与发展的突出标志，更是信息时代推动教育变革与创新的重要动力和途径。高等院校作为国家和社会人才培养的核心单位，要尽早客观地面对由网络带来的冲击和改变，适应网络化对现代教育理念下高校教育的影响，并积极引导和发扬网络化的优势，规避网络化和网络教育资源应用带来的种种弊端，通过教学管理，为师生在新形势下提供更大的专业能力发挥空间，进而营造和谐、向上、奋进创新的现代教育理念下高校文化氛围。

第二节　基于网络教育现代教育理念下高校教学模式

在经济迅速发展的今天，要想更好地融入社会，在工作上拥有较高的水平，必须确保学生能够将知识"活学活用"。网络教育是目前比较流行的一类教育方法，但表现为"毁誉参半"的状态。有些人高度认可，有些人完全否定，还有一部分人持有观望的态度。基于网络教育现代教育理念下高校教学，已经成为当前的重点讨论内容，我们需从客观、主观两个方面着手，完成现代教育理念下高校教学模式的新转变。

一、网络教育分析

当前的教育模式分为很多种，网络教育也被称之为远程教育。从已知的文件来看，教育部所出具的相关条文中，网络教育隶属于成人教育学历的一种，能够运用电视、互联网等方法，促使学生不用局限在某一个空间、地点中，随时可以学习，并且能够根据自己的需求来选择课程。从主观的角度来分析，网络教育充分满足了成人教育的各种需求，其人性化特点非常明显。但该种教育方法的劣势也是比较突出的，其依赖于网速、系统等媒介的传播。同时，如果想要将其应用到现代教育理念下高校教学中，很容易对多年建立的教学模式造成严重的破坏，二者的冲突、矛盾都将对学生和教师产生极大的影响。所以，在整体分析后认为，网络教育是一种新型的教学模式，但自身的体系、方法还是有待健全的，未来提升的空间较大。

二、现代教育理念下高校教学模式分析

目前，我国发展进入了一个非常重要的时期，社会对人才的需求非常强烈，任何一个方面出现问题，都将对现代教育理念下高校教学产生极大的影响。在传统模式的影响下，课堂教学、导师引导教学、社会实践教学等，均成为教育界认可的方法，取得的效果突出。可在新兴的网络教育影响下，部分学生开始转入了"网络学习"的阵营，根据自己的兴趣爱好来选择。此时，现代教育理念下高校教学模式的掌控方向不再明确，教师与学生的看法也不再统一。从教育的角度来分析，传统教育和网络教育隶属于不同的学习阶段，二者本质上没有冲突，但方法和媒介的不同，导致教育模式出现了很大的问题。现代教育理念下高校教学模式想要进入新的时代，单靠主观上的认知是不够的，还必须在客观的操作上、教学上、成果上进行努力，要让社会看到网络教育的希望，看到现代教育理念下高校教学模式的新进展，才能获得较多的拥护。

三、基于网络教育现代教育理念下高校教学模式

面对教育的新要求和社会上的新标准，基于网络教育现代教育理念下高校教学模式几乎是必然的结果。我们的工作在于，要让这个结果变得容易接受，减少消极影响，扩大积极作用。从网络的角度来分析，其本身就是非常复杂的环境，充斥着各种各样的诱惑。当前的任何一个网站，几乎都存在广告，同时还具备不同的应用内容，这些都将对教育产生影响。现代教育理念下高校教育的一项"铁定原则"在于，必须让学生在良好的环境下学习，减少不良诱惑。因此，基于网络教育现代教育理念下高校教学模式，需深入研究。

教学环境的网络化。我国教育部门充分意识到了现代教育理念下高校教学模式亟待转变，网络教育虽然是一个很好的契机，但在把控上并不容易。从现有发布的条文和政策来看，《国家中长期教育改革和发展规划纲要(2010—2020)》的第 10 战略调研报告《教育发展保障条件与机制研究》在对教育信息化现状的研究中指出：所有的现代教育理念下高校，都必须建成良好的校园网络，师生的人机比例应达到 1.6：1。当前的现代教育理念下高校教学，大多数都在采用信息技术来改进教学的方式，虽然成果明显，但速度较慢。经过统计发现，53% 的课程教授，都会运用多媒体的方法；52.7% 的现代教育理念下高校，建设了与自身相匹配的网络教学平台、辅助教学平台。由此可见，教学环境的网络化，可以作为现代教育理念下高校网络教育模式转变的有效途径，关键在于如何建立、如何实施。多媒体虽然是现阶段广泛应用的教学手段，但是已经表现得非常普及；而现代教育理念下高校网络平台的建立，虽然奉行了"网络教育"的原则，但在技术上、手段上仍然表现为缺失的状态，因此不能有任何的忽视。日后，教育环境的网络化必须进一步地提升，在多

方面提高教育环境的水准，增加内容，强化手段，促使学生和教师的沟通更加自然。

加强自主学习模式。现代教育理念下高校教学的开展、实践，本身就是让学生在一个广阔的平台上发展。而网络教育的融合、利用，则是更大限度地提升现代教育理念下高校平台的水准，以此来实现学习内容的增加和学生能力的提升。本节认为，基于网络教育现代教育理念下高校教学模式，未来需在"自主学习"方面有所加强。现代教育理念下高校学生是即将步入社会的工作人员。面对万千诱惑的花花世界，教师过分地限制学生，肯定会造成与社会脱节的情况，这也是导致就业难的原因之一。通过网络教育的融合，加强学生的自主学习，完善现代教育理念下高校教学体系和方法，促使人才培养朝着多元化的方向发展。例如，在现代教育理念下高校网络教学中，除了修习规定的科目和课程之外，学生可根据自己的时间安排和学习目标，自主选择一些其他的内容，强化能力的提升。某些现代教育理念下高校对学生要求严格，连选修课都是校方安排的，直接导致学生的能力和知识受到限制。现代教育理念下高校网络教育就是要不断地突破既有的方法和规范，加强学生的自主性，从而为学生的未来发展谋取更大的空间。

现代教育理念下高校网络教学案例分析——人人网。随着网络教育观念深入人心，现代教育理念下高校教学模式不可能长久地坚持传统思想，而是要借助潮流的作用，进行顺势而为的操作。人人网是现代教育理念下高校网络中比较流行的一个网络平台，始建于2005年12月。人人网集中定位于大学生群体的SNS网站，为大学生提供了强大的互动、交流平台。从优势上来分析，该网络是以真实身份注册的，弥补了传统社交软件的不足，确保网上用户和现实身份高度统一。利用人人网进行现代教育理念下高校网络教学，实现了以下几项内容：首先，每一个学生都是用真实身份注册的，避免混乱的情况。利用人人网上的一些应用内容，强化了学生与老师的交流，完成了教学沟通上的提升。其次，校方与人人网进行合作，利用"人人桌面功能"，在师生教学、学生讨论、老师探讨等方面提供了广阔的平台。且每一个应用内容可同步进行，不会出现较多的冲突。第三，人人网的现代教育理念下高校网络教学中增加了很多的传统要求。包括点名机制、提问机制等等，避免有些学生的"挂号行为"，确保网络教育与实地教育是高度统一的，减少外部因素造成的不利影响。第四，人人网对广告筛选非常严格，不会轻易地弹跳出购物类网站、视频网站、病毒网站等，在环境上符合网络教育、现代教育理念下高校教育的要求。从以上表述来看，基于网络教育现代教育理念下高校教学模式，在可行性方面、教学效果方面都比较突出，未来可以大胆地实践。

本节对基于网络教育现代教育理念下高校教学模式展开讨论，从目前掌握的情况来看，很多学生对此种教学模式是比较认可的，教师则在接受程度上有所提升，总体上的进步比较明显。今后，需要对网络教育、现代教育理念下高校教育进行深入的分析和研究，减少媒介造成的不利影响，提升教学成果，培养出更多的有用人才。

第三节　现代教育理念下高校"两课"网络化教学与终身教育

伴随着计算机技术和网络技术的日益发展，现代教育理念下高校"两课"的教学方式在逐渐发生着变化，正逐步走向信息化和现代化。本节对现代教育技术环境下的"两课"教学进行探讨，从社会学的视角提出了网络化教学与终身教育相结合的新思路，并提出了大学生社会化与网络化教学以及终身教育是紧密联系的，运用网络化教学的"两课"教学为大学生加快社会化进程和终身教育奠定了重要的基础。网络技术与教育的融合和促进，为现代教育理念下高校"两课"的课堂教学和终身教育的结合提供了探索和尝试的新思路。

网络和我们的生活息息相关，不可缺少。互联网是人类历史发展中的一个伟大的里程碑，它对人类社会的文明和生活方式起着越来越不可忽视的作用。传统现代教育理念下高校"两课"教学由于添加了网络化教学的元素，使得教学内容变得充实和丰富多彩起来，大大激发了学生学习的积极性和主动性，同时也促进了学生的自主学习，也促使学生的终身教育具有可行性。

一、传统现代教育理念下高校"两课"教学

现代教育理念下高校"两课"的传统教学模式通常表现为在教学过程当中教师占据着主导地位，教学内容和教学方法都是遵循以往一成不变的模式，通常把教学过程分为：复习引入、知识的传递过程（课程讲解）、课堂练习和小结等几个部分。这种教学方式存在着很多方面的弊端，容易束缚学生学习的积极性和主动性，总是被动机械地接受知识，缺乏思维的创新性，同时缺乏对问题的理解能力。

二、在现代教育理念下高校"两课"教学过程中应用网络化教学

网络时代的到来为现代教育理念下高校"两课"教学添加了很多新的元素，也使得"两课"教学呈现出崭新的面貌。但不可忽视的是，在现代教育理念下高校"两课"教学过程中应用网络化教学的实现需要具备几个条件，体现在以下几点：

硬件环境。目前，随着国家相关部门的重视和投入，我国高等院校的教学设施有了很大的改善，利用互联网和多媒体技术进行教学正在全国现代教育理念下高校慢慢普及，利用多媒体教学可以大大提高学生学习的兴趣，还可以扩充课堂的知识量，通过计算机的屏幕可以接收到更多的信息，效果更为直观。通过投影仪以及声控设备可以使学生观看更多

的视频资料。尤其在"两课"教学中需要引入大量的案例，多媒体教学比起传统的教师讲授显然更具有说服力和吸引力。所以具备完善的网络硬件环境是进行实际教学中实现网络化教学的必备条件。

软件环境：

（1）教师。现代教育理念下高校教师在课堂上起到引领者的作用，采用良好的教学方法会大大提高学生学习的积极性和主动性。在教学过程中运用网络化教学能够从视觉、听觉等各方面给学生带来新鲜感，同时让教课效果更为直观。要想实现这一教学效果，教师必须具备较为全面的网络和多媒体知识。

（2）学生。从听课的角度来讲，学生只需要专注于教师和课堂，同时积极动脑进行思考接受新鲜的知识。从学习的角度来讲，学生在课堂之外的大部分时间里与网络也是紧密联系的，作为教师，我们要注重网络这把双刃剑，发挥网络的优势引导学生如何安全而有效率的上网并且从网络上学到一些有用的知识也是很重要的，所以学生也需要具备一定的电脑知识。

应用网络化教学的方式。在现代教育理念下高校"两课"的教学过程中，应用网络化教学的方式主要是通过多媒体教学。因为在目前，现代教育理念下高校"两课"的上课形式大部分以合班集体授课为主，"两课"的内容为《毛泽东思想和中国特色社会主义理论体系概论》和《思想道德修养和法律基础》，教材以基本理论为基础，如果进行传统教学会非常枯燥，产生不了良好的教学效果。在教学过程当中，多媒体教学的添加不仅仅是单纯地放映幻灯片和图片，而是要在连接网络的前提下，随着课堂的节奏和进展随时连接网络，这样才能体现"两课"的时效性，也能充分吸引学生的注意力，达到良好的教学效果。

三、现代教育理念下高校"两课"网络化教学与终身教育相结合

大学生社会化与终身教育。社会化是社会学当中一个很重要的概念，是由自然人到社会人的转变过程，每个人必须经过社会化才能使外在于自己的社会行为规范、准则内化为自己的行为标准，这是社会交往的基础，并且社会化是人类特有的行为，是只有在人类社会中才能实现的。社会化涉及两个方面：一是社会对个体进行教化的过程；二是与其他社会成员互动，成为合格的社会成员的过程。大学生社会化是现代教育理念下高校"两课"教学过程中的一项重点内容。通过"两课"，大学生能够接触到很多社会现象和社会事件，在教师的正确引导下会产生对这些社会问题的思考，同时在课堂上讨论的过程也是大学生融入集体的过程。大学生的社会化是一个动态发展的过程，是大学生在整个人生社会化过程中很重要的一个过程，在这一阶段当中，大学生掌握了学习的方法，学会了思考、分析问题的正确方式，有助于大学生终身教育良好习惯的养成。

现代教育理念下高校"两课"中的网络化教学与终身教育。"终身教育"概念的提出始于20世纪20年代的英国，后来在20世纪60年代开始成为广泛流行于世界的一种国际

教育思潮。终身教育主张教育应该贯穿于人的一生中的各个年龄阶段，而不是只在儿童和青少年时代，正如人们常说的"活到老，学到老"。而且我们所处的社会也是在不断发展和变化的，不学习就跟不上时代的脚步。终身教育不是在正规学校教育结束时告终，他从各个方面贯穿人的一生，是终身的过程，不仅在学校更是延伸到家庭社会。网络化学习是指在教育领域建立互联网平台，学生通过网络进行学习的一种全新的学习模式，又称为数字学习或 E-learning。互联网的出现在改变人们的观念和生活方式的同时也给中国的高等教育带来了急剧的变化，光盘数据库与网络信息查询技术日益完善，应用的范围也很广泛，网络资源的获取也比以前更容易，日常的学习环境无时无刻不和网络环境相联系，同时，人们通过网络环境也可以获得更多更准确的信息。看来，网络化学习必将成为终身教育过程中的主要学习方式。而教师则是把学生的网络化学习和终身教育连接起来的关键纽带。

"两课"教师肩负着更为重要的职责，在进行网络化教学的同时需要有意识地给学生灌输正确的教育理念，培养学生正确健康的世界观、人生观和价值观。借助计算机网络技术这一崭新的学习方式最终是为了培养学生终身学习的良好习惯。

培养学生终身学习的能力和"两课"中的思想品德教育都有一个共同点，它们都是贯穿大学生一生的。伴随着计算机技术和网络技术的日益发展，教学也必然会走向信息化和现代化；网络技术和教育的融合和促进，为现代教育理念下高校"两课"的课堂教学提供了探索和尝试的新思路。网络教学为现代教育理念下高校"两课"教学提供了大量的教学资源和广阔的教学空间。同时，运用网络化教学的"两课"教学也为大学生加快社会化进程和终身教育奠定了重要的基础。所以，教师在教学过程当中应该利用好网络资源，把终身教育的理念和方法切实贯穿到实践中去，形成新的教学思路和教学模式从而达到有效的教学效果。

第四节　MOOC 在线教育对现代教育理念下高校网络教学档案管理

随着信息技术突飞猛进的发展，MOOC 教育同近几年在国内现代教育理念下高校普遍开展的精品课程、视频公开课、资源共享课等网络在线课程和开放的学习平台在我国教育领域迅速兴起，不仅提升了现代教育理念下高校优质教育资源的信息化程度，同时也变革了传统的教学模式，突出了以学生为中心的个性化学习方式，拓宽了优质教育资源的受益面，给传统教学模式和教学管理机制带来了一场极具创新的变革，产生的优质网络教育资源，极大地革新和丰富了现代教育理念下高校的教学资源库。如何及时、有效地对这些网络优质资源进行管理、利用，充分发挥其在现代教育理念下高校及社会教育中的利用价值，对传统的教学档案管理工作提出了新的挑战。

一、研究背景

（一）国家教育信息化政策对现代教育理念下高校教学档案信息化的推动

2010 年教育部颁发了《国家中长期教育改革和发展规划纲要》，对"加快教育信息化进程"的有关精神进行了重点阐述，提出要加快优质教育资源开发与应用、构建国家教育管理信息系统等发展目标。到 2020 年，基本建成覆盖城乡各级各类学校的教育信息化体系；要求积极开发和建设网络学习课程，积极引进国外的信息化教学资源，促进我国网络教学资源体系的建设；要求对在国内现代教育理念下高校及各级教育部门的教育管理资源进行整合，积极建立教育管理公共服务平台，为广大公民提供公共教育信息，迅速提高我国教育管理的信息化程度。2015 年教育部针对国内广泛开展的在线教育工作，又下发了"关于加强高等学校在线开放课程建设应用与管理的意见"，提出开放教育资源要注重应用共享，加强规范管理等建设性意见，对现代教育理念下高校教学资源档案的管理起到了政策支持和规范性指导。

（二)MOOC 等在线教育对国内教学档案信息化建设的推动

随着网络技术的迅速发展，近几年 MOOC 等在线教育的发展对我国传统教育带来了很大的冲击和影响，大量的网络优质教育资源产生并深入现代教育理念下高校及社会教育教学各个领域中，如何收集、管理好这些优质资源，使其发挥积极的作用，给现代教育理念下高校提出了前所未有的挑战，现代教育理念下高校有责任和义务避免这些优质网络教学资源的流失，扩大现代教育理念下高校的教学资源库，从而为提高现代教育理念下高校人才培养质量、实现大众化教育、提高国民素质提供服务。因此，MOOC 等在线开放课程资源的进入，促进了国内在线教育的广泛开展，也促进了现代教育理念下高校教学档案管理范畴的重新变革，从而有力地推动了现代教育理念下高校教学档案信息化管理的进程。

二、研究意义

（一）现代教育理念下高校教学档案管理信息化是现代教育理念下高校教育信息化的基础和重要组成部分

教育信息化是我国 2010—2020 年十年规划的重要内容，现代教育理念下高校是推进和实现这一目标的主要承担者和执行者，能够有序高效地实现在线教育资源的管理和利用，现代教育理念下高校教学档案管理部门责任重大。利用现代化信息技术做好教学档案管理的信息化工作，不仅提升了现代教育理念下高校信息化教学管理水平，而且推动了国家教育走向信息化的步伐。随着我国教育部对现代教育理念下高校教学工作水平评估的经常性开展，现代教育理念下高校教学档案管理部门作为评估观测点大部分数据的提供者，实现信息化管理系统的建设，提高教学档案的管理和利用效率，实现优质教学资源的共享和个性化教育，对推进现代教育理念下高校培养创新型人才意义深远。

（二）现代教育理念下高校教学档案管理信息化推进了现代教育理念下高校优质资源共享及社会化进程

首先，随着信息技术的迅速发展和广泛应用，面对广泛的网络在线教育的开展，为了提升教育教学质量，适应新时期教学模式的变革，现代教育理念下高校对信息化基础设施、软硬件都进行了较大的投入，有力地推动了现代教育理念下高校教学档案的信息化进程。其次，网络在线教育资源的广泛共享和应用，极大地推进了现代教育理念下高校教学档案资源的社会化程度，通过发达的网络功能，使现代教育理念下高校教学档案资源与社会其他教育机构的教学资源网络实现了紧密结合和共享。再次，信息技术与网络技术的飞速发展，使现代教育理念下高校教学档案发生了多元化结构的变化，出现了大量新型载体的档案，如光盘、磁带、视频、录像等教学资源，最先进的就是现在从国外发展而来的 MOOC 等网络在线教育资源，不仅提升了教学档案现代化管理水平和高科技管理手段，同时也极大地提升了在线教育信息资源的利用速度和共享程度。

三、国外网络教学资源管理经验借鉴

（一）国外网络教育资源管理现状

随着世界各国知名现代教育理念下高校利用互联网进行的开放式教育活动的不断深入，世界各国政府和教育机构也认识到网络教学资源重要的价值，针对网络信息资源的保存陆续开展了各自项目的研究工作。澳大利亚国家图书馆于 1992 年建立了 TF2001PADI 调研组，1996 年开始尝试网络信息资源保存项目 PANDORA 研究。英国于 1998 年建立了 CEDARS 项目，具体工作由牛津大学、剑桥大学、里兹大学等大学实施。主要对数字资源长期保存的具体方法和框架进行了研究。美国于 1994 年针对数字归档项目组建了特别工作小组，开始调研数字格式贮存问题。2000 年底美国国会图书馆发起了 NDIIPP 和 MINEVRA 项目，即保存数字资料的联合行动，开始把开放式网络信息资源保存项目作为自己的使命之一。2001 年挪威国家图书馆开始实施网络信息保护项目 PARADIGMA，目的是确定网络数字资源的收集和保存技术、方法，实现国家图书馆提供存取服务的功能。2005 年丹麦关于网络资源保存的法律开始生效，并且将所收集的信息存储在一个联合的数据库中。日本开发了 WARP Web Archiving Project 网络信息保存项目。除上述国家外，其他一些国家也相继开展了这方面的研究，如奥地利和加拿大、捷克和德国等国家。

（二）国外网络教育资源管理和研究的特点

第一，较早地制定应用了标准规范。澳大利亚、英国、美国等国家较早地提出了网络信息资源保护研究理念，而美国率先研究并制定了网络信息资源保存的国际标准，其"开放档案信息系统参考模型 (OAIS)"是当前最有影响力的档案信息保存、开放研究成果。

第二，更多地由理论转向实践型研究。如英国和美国，在网络保存的理论和实践的关系上，为了建立可运行的网络数字资源的保存系统，在探索数字信息保存的选择标准和技术方面做的工作更多一些。

第三，各国制定保存政策的意见不一。

第四，强调建立新型网络信息保存策略。

第五，强调网络信息保存立法保护问题。

四、我国网络教育资源管理现状分析

首先，理论研究方面。与国外在网络资源保存方面的研究时间相比，我国的研究和实践起步较晚，大约从1998年开始探讨数字信息保存问题，而且从检索的资料来看相关研究论文偏少，不够深入。但从最近两年的相关研究来看，我国学者如赵俊玲博士、刘家真教授等已经开始认识到网络信息资源保存的重要性，对网络信息长期保存问题进行了探讨和论述。另外，2004年由我国信息研究所牵头举办了中欧数字资源长期保存国际研讨会，举办这个会议对国外在网络信息资源长期保存研究情况方面提供了机会和平台，为我国在这方面的研究起到了一定的推动作用。

从2003年开始，我国教育部开展"精品课程"网络教学资源项目创建工作以来，国内各现代教育理念下高校教授、社会专家和学者对国家精品课程网络教学资源的建设、在网络教学中应用、教学手段和教学效果等方面做了大量的理论研究并取得一定的成果，但是，对于"精品课程"和之后的"视频公开课"以及现在的MOOC等网络在线课程资源如何进行长久保存的理论研究还是非常少，不利于这些宝贵的教育资源得到广泛共享和长期利用。

其次，实践方面。在我国网络信息资源保存研究领域，2002年，在国家"937"和"985"项目支持下，成立了中国Web信息博物馆(Web Info mall)，由北京大学开发的"中国网页历史信息存贮与展示系统"，主要对中国互联网上的数字信息资源进行采集、归档，目的是完整地保存中国的网页资源。

2003年，中国国家图书馆项目研究小组成立并开始实施网络数字资源采集与保存试验(WICP)项目，对数字信息在采集、保存和提供服务方面应该解决的问题提供了数据支持，促进了理论与实践的紧密结合，使得该研究更有针对性，也更具有现实意义。

五、国外网络在线教育资源保存带来的启示

国外网络在线教育资源保存项目研究进行得比较早，有一些先进的理念和经验对我国网络在线教育资源保存研究有一定的参考价值。

（一）加快制定网络教育资源保存的标准

网络教育资源需要在长期的教学中得到应用和共享，其长期可读性与完整性必须得到

保证，同时，为了实现国内外、现代教育理念下高校间、现代教育理念下高校与社会间资源的有效共享和利用，制定网络教育资源保存标准具有重要意义。目前，国内外可实现长期保存的标准有资源编码标准、资源标志标准、互用性标准、数据归档标准 (OAIS) 模型、资源著录标准、元数据标准等。

（二）加快网络教育资源保存的立法工作

目前，我国在网络在线教育资源保存方面的法律、法规还不健全，没有详细的、可执行的法律条文的支持。一方面，要合理解决著作权和知识产权的问题。在网络信息的长期保存方面制定相应的法律依据，既要保证能够达到合理使用，又要注重与著作权人的协作来解决相关问题，保护著作权人的合法权益。另一方面，建立数字作品的呈缴制度。名人名师的著作、科研成果以及在线教学资源是极其宝贵的资源，呈缴制度的建立可以预防宝贵文献、数字作品的丢失。在这方面英国、法国等国家法律中已经增加了数字资源呈缴的条文。

（三）网络资源保存理论与实践并行发展

网络信息的保存是一项复杂的系统工程，涉及方方面面的因素，一方面要积极进行理论研究，如分布式网络教育资源保存机制、建立数字资源保存中心的规划、积极探讨建立元数据标准、推动数字资源著作权的保护及使用等理论探索；另一方面要大力推进网络教育资源保护的技术手段等实践进程，归档媒体的保护与选择标准，网络信息内容和格式的选择标准，以及标准的制定等技术方面的实践，只有理论与实践并重，才能有序推进我国的网络教育资源管理进程。

（四）建立网络教育资源保存多方合作机制

网络教育资源的保存是一项系统工程，信息从生成到利用到再利用，整个过程中每一个环节的每一个参与者都负有保存的责任。另外，多方合作还体现在国家、政府、各级教育机构以及企业和社会力量的支持，形成合作机制，才能实现网络教育资源的有效共享和利用。

网络在线教育课程资源是宝贵的有利用价值的教学资源，覆盖面广，资源共享度高，不仅提供了丰富的个性化学习资源，培养学生的创新能力，还可以进行学历教育、企业培训、专业技能学习等教育，提升学习者的文化素质，最有价值的是对那些地域偏远、缺乏师资等教学资源的地区能够通过网络教育得到国内外名师的教学资源，解决了大众化教育的难题。因此，现代教育理念下高校作为网络在线教育资源的主要创建者，现代教育理念下高校和各级教育机构、政府应该共同努力，将这些优质资源纳入教学档案的管理范畴，提升现代教育理念下高校对网络教学档案的信息化管理技术和手段，积极探索一种可持续保存和利用的管理模式，使 MOOC 等这些网络在线教育资源能够在国民教育中实现其应有的利用价值。

第四章　现代教育理念下高校教育教学管理的理论研究

第一节　现代教育理念下高校教育教学管理现状

现代教育理念下高校作为人才培养的基地，有承担社会人才输出的重任，尤其是随着近些年教育体制改革的不断深入以及学校生源数量的不断增加，现代教育理念下高校教育教学管理工作就显得越发重要，对此在本节中笔者将从现代教育理念下高校教育教学管理现状分析出发，并提出以下解决策略，希望更好地推动我国现代教育理念下高校发展。

在现代教育理念下高校办学发展的过程中，现代教育理念下高校教育教学管理是办学水平的根本保障，同时也是高素质人才输出的基础，因此现代教育理念下高校教育教学管理工作规范化就显得越发重要。但是从现阶段的现代教育理念下高校教育教学管理现状分析，还存在着很多问题，影响了现代教育理念下高校的长远发展，因此对于现代教育理念下高校而言，未来的工作重点就是加强教育教学管理，从而切实提升现代教育理念下高校教育教学管理水平。下面针对现代教育理念下高校教育教学管理现状及对策进行详细分析。

一、现代教育理念下高校教育教学管理现状

在教育改革机制不断深入的过程中，现代教育理念下高校对于教育教学管理工作也越发重视，但是从现代教育理念下高校教育教学管理现状分析还存在着很多不尽如人意的地方，这对现代教育理念下高校办学发展造成了一定的影响。首先是教学计划管理存在限制性，在现代教育理念下高校教育教学管理过程中，教学计划管理是人才培养目标的总体设计，同时也是院校活动的组织依据，但是在调查过程中笔者发现，现下很多现代教育理念下高校在进行教学计划管理时，采用的是一种自上而下的管理方式，教学计划制定并没有征求院校教师的意见，教师缺乏话语权，存在着很大的强制性，这严重地影响了教学计划管理实行的科学性。而且有的现代教育理念下高校教学管理人员观念陈旧，不与时俱进，这样不利于教师和学生的发展。其次是院校师资结构不合理，在现代教育理念下高校教育

教学管理过程中，教师是知识文化的输出者，同时也是教育管理的实行者，因此现代教育理念下高校必须有完善师资结构，但是很显然现下的多数院校之中存在师资短缺现象，并且多数教师素质能力水平有待提升，这对现代教育理念下高校教育教学管理水平提升造成了一定的阻碍。最后是教学质量监控存在局限性，完善的教学质量监控体系是衡量现代教育理念下高校教育教学管理水平好坏的标志，但是从笔者的调查中发现，现下多数现代教育理念下高校缺乏教学质量监控建设认识，同时没有相关的监控评价标准，这是导致现代教育理念下高校教学质量下降的主要原因，同时也是现代教育理念下高校教育教学管理弊端的一种体现。

二、现代教育理念下高校教育教学管理现状解决对策

优化教学计划管理机制。教学计划管理是现代教育理念下高校教育教学管理规范化的基础保障，对于现代教育理念下高校而言，只有能够将教学计划管理不断优化，才能更好地输出高质人才，从而使院校人才培养蓝图规划更加具体化。而从上文中笔者的分析研究也可以发现，现下现代教育理念下高校教学计划管理存在的最大问题就是限制性太强，教学计划制定掌握在管理者一人手中，这影响了教学计划管理的科学性。为了从本质上杜绝这种教学计划管理弊端，就必须优化教学计划管理机制。为此院校在制定教学计划时，应该征求教师、学生、院校行政管理人员以及课程专家学者等多个方面的意见，这样才能保障学校制定的教学管理计划真正的符合学生发展需要，对教学资源更加充分地利用，具有科学性的保障。其次当教学计划管理机制制定后，必须要严格的进行执行，要保障教学计划的严肃性，同时在执行的过程中，还应该根据市场行业发展变化，适当地做相应调整，这样才能保障教学计划管理机制的适应性。相信在教学计划管理机制不断优化过程中，现代教育理念下高校教育教学管理也会朝着更高的水平发展。

加强现代教育理念下高校师资队伍建设。随着教育改革机制的不断深入，现代教育理念下高校生源数量不断扩充，在这个过程中现代教育理念下高校无论是教师人数，还是教师素质能力都无法满足院校的教育教学发展需求，院校师资结构不合理现象十分严重。而对于现代教育理念下高校而言，师资结构建设应该是呈现出"梯队"状态的，这样才能让现代教育理念下高校教师专兼结合、优势互补，从而更好提升人才利用度，是合理师资结构的一种体现，同时也是现代教育理念下高校教育教学管理的基础保障，因此加强现代教育理念下高校师资队伍建设至关重要。为此笔者认为，现代教育理念下高校可以从以下两个方面做起，首先是结合现有的师资资源，全方位、多层次地建立教师培训体系，从教学和教研两个方面出发，立体化的对教师进行培养，这样才能使现代教育理念下高校教师师资队伍素质朝着更高的方向发展。其次加大现代教育理念下高校教师招聘工作，从学历、教学能力、管理能力等多个方面入手，从而在院校内打造一支高素质的人才队伍，并且在这个过程中还应该不断的完善激惩机制，在为教师创建更好的教育教学管理环境同时，规

范教师教育教学管理工作行为，相信在现代教育理念下高校师资队伍建设下，一定可以为现代教育理念下高校教育教学管理注入不尽的动力。

完善教学质量监控体系。在现代教育理念下高校教育教学管理工作开展过程中，教学质量监控体系是提升管理水平的保障，可以对现代教育理念下高校教育教学管理工作进行更有效的监督，因此完善教学质量监控体系是存在一定必要的。为此笔者认为，院校可以从以下三个方面出发，首先是现代教育理念下高校要认识教学质量监控体系完善的重要性，对于该校而言，只有形成有效的监控机制，才能督促教学管理水平提升，为教学工作质量提供保障，因此在进行教育教学管理工作时，必须确保教学质量监控体系建设的重要地位。其次是在完善教学质量监控体系的过程中，要构建相关的评价标准，并且要保障评价标准的公平性与客观性，这样的评价体系建设才有意义。最后是教学质量监控体系要与反馈机制与奖励机制相结合，从而实现现代教育理念下高校教育教学管理工作的良性发展循环。

本节主要针对现代教育理念下高校教育教学管理现状及对策进行了相关方面的分析和探讨，通过本节的研究，我们了解到，现下现代教育理念下高校教育管理工作还存在着一定的问题，因此为了更好地推动现代教育理念下高校教育教学发展，加大现代教育理念下高校社会优质人才输出，现代教育理念下高校就必须从现阶段的教育教学管理工作现状研究入手，从而有针对性地制定解决措施，进而推动现代教育理念下高校长远发展，同时也实现我国教育的优化改革，培养更多高质素人才。

第二节　现代教育理念下高校教育教学管理观念

随着人们生活水平的提升，对于教育的关注度也有了相应的提高，现代教育理念下高校教育也在这样的状况下进行了调整，不仅优化了基础的教学模式和实践方法，还调整了相应的教学管理观念，以迎合新时期大学生的成长需求，为社会提供真正意义上的高素质人才。文章主要研究了现代教育理念下高校教育教学管理观念的改革，并提出相应的实践思路。

在教育改革过程中，作为学生进入社会前的核心教育阶段，现代教育理念下高校教育受到了人们的广泛关注，但是当前的现代教育理念下高校教育本身存在不少的问题，而且也面临着许许多多的挑战，尤其是社会方面的考验，给现代教育理念下高校教育带来了较多的压力。为了合理应对新时期的挑战，实现更加完善合理的教育流程，现代教育理念下高校应当对自身的教学方式进行调整，并对基础的教学管理观念加以改革，以持续完善基础的教育思想认知，逐步培育高素质的社会型人才。由于传统的现代教育理念下高校教育忽视了学生其他方面的素质成长，尤其是社会实践方面的教育，导致学生的综合素质欠缺。因而，新时期的现代教育理念下高校教育教学改革，应当以学生的综合素质培育作为主要方向，逐步优化基础的教学模式，注重采用全新的生本教育理念，提高学生的学习质量。

一、现代教育理念下高校教育教学观念的改革与实践

在现代教育理念下高校教育的改革过程中，第一要务在于调整自身的教育观念，不再过于关注学生的理论知识学习成绩，而应当迎合当前社会发展需求，跟随社会就业做出相应的教育改革。对于新时期的现代教育理念下高校教育而言，本质目的在于培养高素质的人才，而在人才的创新培养过程中，应当遵循新课改提出的教育要求，并且需要随着学生的就业需要做出多方面的教学调整，以提高实际的教育质量。在教育观念的改革与实践中，现代教育理念下高校可以着重从以下几方面开展。

第一，现代教育理念下高校应当创新基础的人才培育理念。转变传统的理论知识教育，深入落实生本教育思想，更多地在课堂教学实践中，考虑学生的成长需求，只有将学生的成长放在第一位置，才有助于现代教育理念下高校教育的进一步完善。对于现代教育理念下高校阶段的学生而言，他们的成长方向不应该局限在课堂知识学习上，而应当延伸到各方面实践内容上，这将对学生以后的就业和社会成长产生最为直接的影响。为此，在生本教育理念的引导下，现代教育理念下高校教育教学应当拓展基础的教学内容，一方面加强对学生的理论知识教育，提高学生的理论认知水平；另一方面应当培育学生的社会意识和实践能力，致力于通过不同教学手段提高学生的社会认知，帮助学生生成更加全面合理的就业思想。

第二，现代教育理念下高校应当采取全新的教学模式。以往的现代教育理念下高校教学多数时候采用了直接的灌输式讲学模式，整个课堂都是由教师讲解知识，而学生则在讲台下处于被动的听讲状态。这样的教学模式难以激发学生的学习活力，还会影响学生的学习质量。对于这一状况的改善，现代教育理念下高校需要从教学方式的拓展出发，不断探索全新的课堂教学模式，尝试将课堂时间给予学生，鼓励学生展开积极的自主学习，逐步提升教学的综合有效性。

第三，理论教育与实践教育相融合。现代教育理念下高校教育本身是学生进入社会的关键教育阶段，因而需要为学生以后的社会成长所服务，对基础的教育进行实践拓展，促使学生能够在提升理论认知的同时，逐步加强综合实践，提升学生的社会适应能力。理论与实践相融合，指的并不是在理论知识教育的基础上，更多地开展一些实践活动教育，而应当是理论知识教育的一种实践拓展，即学生需要在学习理论知识的同时，将这些理论知识科学的应用到生活实践当中，为学生的生活提供相关指导，进而提高学生的社会认知与实践能力，为学生以后的生活实践奠定扎实的基础。

二、现代教育理念下高校教育教学管理的创新实践思路

对于当前时代下的现代教育理念下高校而言，教育教学管理的实践水平将与它的发展直接挂钩，如若没有完善的教育教学管理体系，必然会产生较多的不利影响，难以推动现

代教育理念下高校的健康发展。为此，在新时期的现代教育理念下高校教育教学管理当中，应当对基础的教育教学管理方式进行创新，建立科学完善的教学管理体系，推动教学质量的稳步上升。

（一）树立系统整合思想，创新基础的教学管理方式

现代教育理念下高校教育的本质目的在于培养高素质人才，因而在教育教学管理的创新过程中，需要将培养人才作为核心目标和实践方向。在教学管理的优化上，现代教育理念下高校应当引导全体教育工作者树立"生本教育"理念，坚持将学生的成长放在第一位。在教学工作的开展中，不仅需要重视学生的成长，还需要关注教师在学校的地位，进而从根本上解决教学问题，提高整体的教学活力，推动学校的改革进程，带动学校各项教学管理方式的创新。同时，教学管理是一个完整的系统，现代教育理念下高校应当关注这一系统的实践性与有效性，充分结合当前时代下的管理理念展开优化。教学管理的本质目的在于完善教师的教学工作，进而提高教学质量，因而，在教学管理体系的改革上，应当紧紧跟随学生的学习成长进行优化，将改革与创新作为主要的推动力，注重教学管理创新，形成全新的教学实践模式。一方面提升了教师的工作积极性，形成更高质量的教育实践过程，另一方面能够激发学生的学习动力，促使教师与学生之间的交流合作更加密切，以提升最终的教学质量。

（二）优化教学评价体系，创新教学奖励机制

对于现代教育理念下高校教育教学管理而言，教学评价体系一直属于非常关键的内容，不仅能够影响到基础的教育质量，还会对实际的教学管理形成直接的作用。为了提高教学评价体系的科学性，现代教育理念下高校教学评价体系应当朝着系统性、实践性和综合性的方向拓展，以建设最为健全的教学评价体系，实现对教职人员工作的全面角度评价。在评价的过程中，应当保证评价的标准完善科学，不能过于一致，需要根据不同的教学内容制定相应的考核标准，并且应当将评价主体分为三种，分别是学校评价、教师自我评价以及学生评价。由于学生是教学活动的主要参与者，因而在评价体系中需要占据较高的比例，以确保最终评价的准确真实性。同时，在教学评价体系建设的过程中，为了进一步提高教职员工的教学活力，现代教育理念下高校还应当建立相关的奖励机制。在奖励机制优化当中，需要考虑到教师的教学质量、课程实践、教学创新等，以迎合现代教育理念下高校教育管理的持续改革趋势，注重对表现突出的教职人员提供较高的奖励，使得教职人员主动形成良好的工作态度与工作意识，稳步推动教学管理工作的科学开展。

（三）提高教职员工素质，创新教学实践方式

在现代教育理念下高校教育教学管理实践的创新过程中，不同素质水平的教职员工，所发挥的教学管理作用也会有所区别。由于新时期的现代教育理念下高校教育开展，面临着许多全新的挑战，因而有必要提升教职员工的教学素养和管理素质，以创新教学实践方式，为学生的成长带来全新的教学体验。只有具备先进教学素质的教职员工，才能够迎合

新时代的教学需求，结合自身的专业学科特征，选择最为合适的教学方法和活动形式，提高实际教学成效。在优化教职员工素质的时候，不可以再将关注点完全集中在教职员工的知识教育上，而需要将重点放在教职员工的实践、创新能力上，以确保这些教职员工能够紧紧跟随时代的步伐，不断创新和完善基础的教育形式，持续提高教学活力，为学生综合素质成长奠定良好的基础。此外，现代教育理念下高校还应当对教学实践方式进行统一的创新和完善，要求教师提高对学生课堂学习主体性的关注度，不再采用以往的灌输式教育模式，积极尝试展开学生的主动学习拓展活动，引导学生生成完善的学习认知。教师在学生自主学习的过程中，应当发挥自身的引导功能，帮助学生形成良好的学习思想和习惯，及时纠正学生学习方法上的不足，改善最终的教育成效。

在当前时代的发展中，社会对于人才的需求发生了很大的变化，许多企业在招收人才的时候，不再过于关注学生的基础学科知识，而是对他们的综合素质有着较高的关注度。在这样的状况下，现代教育理念下高校应当迎合当前市场人才需求变化，积极优化基础的教育教学管理体系，努力形成全新的教学实践方式，逐步建立完善的教学管理机制，推动现代教育理念下高校教育教学的健康发展。

第三节　现代教育理念下高校教育教学管理信息化

为适应现代社会高等教育教学发展改革的需要，提升现代教育理念下高校教育教学管理水平是很长一段时间内现代教育理念下高校教育教学管理的重要改革方向和工作内容。现代教育理念下高校必须积极制定合理的方案，探索有效的方法，促进教育教学管理信息化水平的提升，从而满足教学管理需求。本节就现代教育理念下高校教育教学信息化管理的现状进行分析，然后结合实际探索了现代教育理念下高校教育教学管理信息化水平提升的创新思路，为现代教育理念下高校教育教学信息化管理提供参考。

在现代社会，现代教育理念下高校如何适应时代的发展，如何提高自己的教育教学管理的信息化水平，是现阶段现代教育理念下高校教学管理工作的重中之重。同时，现代教育理念下高校必须对自己的教育教学管理水平精准地定位，能制定出有助于提升现代教育理念下高校教育教学信息化管理水平的相应策略，从而推动现代教育理念下高校教育教学管理信息化水平的提高。

一、现代教育理念下高校教育教学信息化管理的现状

从当前时期普通现代教育理念下高校的发展情况来看，在信息化管理方式的改革与发展过程中还存在发展不均衡、特色不明显等问题。现代社会是信息化的社会，计算机的普及、互联网时代的快速发展，意味着现代教育理念下高校必须加强信息化管理。从目前我

国现代教育理念下高校的发展情况来看，信息化管理在我国现代教育理念下高校还不是很成熟，正处于一个发展的过程中。在我国，现代教育理念下高校的日常办公、学生的日常管理等方面，都有着各自的一套信息化管理系统和信息化的管理手段，但是由于他们是相互独立的、互相都不联系的，各自都是一个独立的个体，正因如此，也给提升现代教育理念下高校教育教学信息化管理水平增加了难度。因为各个独立系统表现出的多样性，操作起来相对也比较复杂，这也就导致各个系统不能及时有效地为全体现代教育理念下高校师生提供服务。在我国，现代教育理念下高校在推行信息化管理的过程中，措施也是比较落后的，大部分现代教育理念下高校没有专门的信息化的系统来支撑管理工作，这也就成了阻碍现代教育理念下高校信息化管理水平提升的一个重要因素。

二、提升现代教育理念下高校信息化管理水平的关键环节

随着现代教育理念下高校教育教学信息化管理水平的不断提高，在当前现代教育理念下高校信息化管理过程中应该如何综合运用各类信息技术来改进当前信息化管理工作的现状，从而达到提高管理效率的目的呢？

提高整体管理人员的综合素质，增强管理人员对于信息化手段的应用。现代教育理念下高校管理人员是整个现代教育理念下高校管理系统的掌握者和操作者。系统是否能正常运行，教师是否能正常工作，学生是否能正常学习，信息是否能正常传递，这些都取决于现代教育理念下高校管理人员的综合能力。但是，由于当前现代教育理念下高校对管理人员的重视程度并不是很高，资金投入也有限，同时，相应的考核体系也缺乏信息化运用能力方面的内容，所以就导致管理人员的信息化意识比较薄弱。因此，这也就反映出，如果想要提高现代教育理念下高校教学的信息化管理水平，就必须重视对教育管理人员的培养，并且提高教育管理人员的工作待遇，从而激发教育管理人员在工作过程中的积极性。

利用网络即时通信工具加强管理过程中的沟通。由于目前现代教育理念下高校信息化管理方法的滞后性，会导致信息在不同人员之间传递的准确率降低。但是互联网信息技术的迅猛发展则为这种信息的传递提供了很多行之有效的方法途径。例如，利用即时通信工具 QQ 群、微信群等，或者可以通过建立各种网站或者论坛等，将信息在服务对象之间、师生间准确地传递。同时，管理人员也就可以利用这种方式在线上及时地解决各类问题，这种信息传递方式也在一定程度上增加了学生和教师之间的交流，同时，实现了师生之间的信息共享。不仅能提高管理人员的工作效率，也能适应新时代下信息化发展的需求。

完善教学信息化管理机制。教育教学信息化管理系统的建立，不仅要考虑管理者的需要，也需要考虑信息传递的需要，在不废除原来的管理系统的基础上，增加信息化管理的功能，从而实现在统一系统下的综合管理。要使教学管理系统发挥最大作用，必须在前期有针对性地对教育管理人员展开调研，并在使用过程中对系统进行实时监控，根据实际的情况进行完善，最大限度地发挥系统的实用性。在整个教学运行管理过程中，所需要的信

息往往来源于不同的部门和不同的管理人员，这就需要运用现代数据库技术，实现数据的分级存放，提高数据的使用率。

加强现代教育理念下高校信息化系统的硬件建设。与上述软件性能相对应的就是硬件建设。只有现代教育理念下高校信息化系统的硬件设施完善了，才能最大限度地实现现代教育理念下高校信息化管理制度的顺利推进，这也是充分发挥软件系统各项性能的保证。在一些现代教育理念下高校中，由于硬件设施陈旧，导致了教师与学生无法正常地工作，这也就阻碍了现代教育理念下高校教育教学管理信息化的发展。以教学管理系统为例，早期的人机交互排课、等级考试报名、成绩登录查询等较为低端的信息化管理模式对于服务器的要求并不是很高，因此，很多现代教育理念下高校基于有限的经费会选择能够满足目前需要的服务器配置，然而随着学分制推行，网上选课、就业跟踪信息等模块的开发，对于服务器的配置要求大大提高，尤其是学生集中选课时，网络并发量骤升的问题直接指向服务器配置过低。因此，为了提高现代教育理念下高校的教学管理信息化水平，实现教师与学生之间的信息共享，现代教育理念下高校必须适当地增加系统硬件设施的资金投入，尽快更新落后的教学管理配套设施，提高现代教育理念下高校的信息化管理水平，便于教师与学生之间的信息交流与资源共享。

三、新形势下现代教育理念下高校信息化发展思路的探索

在当今社会的新形势下，在现代教育理念下高校学生的管理工作中出现了许多新的问题，信息不能有效地传递，任务不能有效地完成等都是管理工作中不可避免的问题，环境、对象、任务等都发生了很大的变化，现代教育理念下高校如果不能很好地适应这种变化，只是一味重复之前的老办法，遵循以前的旧思路，往往只会适得其反。因此，现代教育理念下高校必须认清现当前的形势，在现代教育理念下高校学生管理工作中除旧迎新，探索更多改革的道路。

1.提高现代教育理念下高校教学管理的信息化是现代教育理念下高校教育快速发展的必然要求。近年来，现代教育理念下高校招生人数虽然大幅度增加，尤其是学分制的推行普及对教学管理信息化的要求大大提升，但是管理人员基本稳定不变甚至人数缩减，且传统的办公模式都是人工操作居多，人工操作需要很长时间才能完成资料管理、课表安排、学籍管理等烦琐的工作，尤其是学分制管理模式下很多工作无法经人工完成，所以教学管理信息化改革势在必行。2.实现教育教学信息化管理还有助于实现教学管理的规范化。信息化管理不仅实现了信息资源的高速共享，还促进了各个部门的相互合作，这也在一定程度上实现了教学管理的规范化，实现教育教学信息化管理也有助于提高教学管理的质量。信息化让各个部门之间的相互联系增多，这样既能快速地传递信息、上传下达，又能提高教学管理的效率。信息化的管理还可以充分实现资源共享，充分考虑外界因素，进行信息化的教学管理，有效且合理地配置教学资源，从而达到既定的教学目标。

随着知识经济时代的到来，现代教育理念下高校教育教学管理信息化也应该做到与时俱进，完善信息化管理系统，制定合理的信息化管理机制，加强现代教育理念下高校信息化系统的硬件建设，强化教师的培训力度和考核机制，这才能充分发挥教育教学管理信息化在现代教育理念下高校的重要作用，从而满足现代社会发展的需求。

第四节　新媒体对现代教育理念下高校教育教学管理

在现代教育理念下高校教育教学管理过程中，教师通过新媒体的使用来不断发展新媒体教学管理内容，通过新媒体的服务属性来提升现代教育理念下高校教育的教学引导属性，现就新媒体对现代教育理念下高校教育教学管理带来的冲击及对策研究进行简单的分析。

随着我国新课程教学改革的深入，新媒体的不断普及，越来越多的现代教育理念下高校教育开始重视新课程教学改革的理念和发展思路。现代教育理念下高校教育管理工作中对于新课程教学改革的研究也在不断深入。在这样的教学发展环境和背景下，新媒体的发展速度和实践检验成果就有了一定的成绩，新媒体的教学管理形式以及其教学模式固有的优点都在一定程度上有利于其传播，这也就变相提高了高效教学管理发展的效率。

一、新媒体教学模式固有优势分析

新媒体的发展和应用对现代教育理念下高校教育教学而言是一个全新的机遇。作为信息化时代下的产物，新媒体凭借开放性、即时性和互动性等特征迅速实现了普及，在极大地提升信息传播效率的同时也丰富了信息资源的内容，并提升了质量，使得各行各业的人都能从新媒体中获取对自己有价值的信息。在现代教育理念下高校教育教学管理工作中，新媒体为其提供了海量的数据资料，同时也拓宽了教育教学管理的渠道，使之更加人性化和多样化。新媒体主要以平台的形式出现，这是一种由光、电、声音相互结合而产生的适合不同时间空间人们相互交流的虚拟场所，尤其适用于现代教育理念下高校灵活多变的教育风格。新媒体通过创造出一种大学生乐于接受的教育氛围和情境，成功地在教师和学生之间架起了相互信任的桥梁，符合大学校园自由平等的理念，也便于教育管理者进行价值观输出和思想熏陶。正是因为以上种种原因，新媒体教学模式才得以在现代教育理念下高校中生根落地，且目前已经发展到了新的阶段。

新媒体教学模式从我国目前的高效教学应用和发展来看，其固有特点和优势在于通过新媒体本身可以建立良好的公众平等交流平台。在这个平台上，学生与教师、教师与教师以及学生与学生之间都可以进行良好有效的交互式沟通，不仅可以表达自己对于不同事物和不同教学内容的理解，还能接受到不同的教学信息和别人的认知理解。在这个开放的半社交平台上，新媒体教学模式由于其固有的开放性也很难实现信息的批量处理，这也就在一定程度上增加了平台信息的来源和提高了检验能力，就我国目前的新媒体教学模式发展实践来看，其中不正常的伪教学信息和诱导性虚假信息也时常会出现，从这些情况中可以发现，这样的平台管理还是不够完善的。

在其优劣同处于一个条件下可以发现新媒体教学模式的其他优势，比如信息流通的速度要远远优于传统的教学模式，而且通过新媒体教学模式进行的信息传播往往可以实现新闻的时效性，从根本上提高了高效教学管理的基础价值。相较于传统的教学模式来说，新媒体教学模式的多元化内容是非常有价值的，越来越多的新媒体平台开始出现在高效校园中，这样不仅变相增强了学生的学习资源丰富程度，还能在一定情况下实现平台之间的优胜劣汰，让高效教学管理从根本上进行完善和改革。

二、新媒体对现代教育理念下高校教育教学管理带来的冲击

在我国当前的新媒体平台中，比较突出的有微信、微博等，现代教育理念下高校学生从自身的使用情况就可以看出这两个新媒体平台的普及程度。学生之间每天都会通过新媒体进行互动和信息交流，不断在平台中树立自己的形象，与他人沟通增加影响力。这些新媒体平台所蕴含的信息交流价值是巨大的。

在教学内容管理上，新媒体教学模式更是从根本上改变了传统教学模式的弊端，让教师在现代教育理念下高校阶段的教学课堂中不再局限于传统的教学思路，在平台化的教学模式和教学发展中，教师有了更加多元化的教学手段和教学思路。从教师本身来说，新媒体教学模式不仅可以帮助自身完善教学素养，提升自己的教学水平，还能在最大限度上帮助教师实现与学校教学教育发展的关联性。教师在不断实践探索的过程中挖掘自身的教学为题，通过新媒体教学模式帮助整个科目教学建立良好的教学体系，而且新媒体教学模式的公开性质使得教师不会因为传播途径受到负面影响，对于教师自身的教学水平和教学规划也产生了一定的推动力。

新媒体教学模式本身具有的平台价值对于现代教育理念下高校教学建设发展来说是具有非常大冲击的，除了上文所提及到的部分优势和发展方向外，新媒体教学模式还在一定程度上为现代教育理念下高校教学建设管理带来了负面影响，新媒体教学模式简单来说就是平台化教学的推广，在现代教育理念下高校教师实践现代教育理念下高校教育教学的过程中，平台的推广会伴随着一些教学之外的内容进入学生视野中，这些信息对于学生的影响不能保证都是正面的，学生接触到的不利因素越多，对学生的影响就越大。

在师生关系上，由于新媒体技术能够扩大学生与外部世界的广泛联系，学生可以利用网络等各种现代通信技术与其他学生、老师甚至学科专家交流。如此一来，师生之间关系日趋平等，传统教师所固有的权威感逐渐丧失，只要教师授课稍不注意就可能受到学生的抵制或抛弃。

作为现代教育理念下高校教育管理的重要组成部分，对大学生的思想道德教育这一部

分的工作内容主要体现在树立大学生的社会主义信念和价值观上。目前我国高等教育的思想道德教育的要求是让社会主义核心价值体系成为青年思想行动的根本价值取向和行为准则。但在新媒体时代，网络社会输出的不仅有各种信息，还有各种思想、观点和价值观念。显然，新媒体时代的一大特征是信息传播的极度自由化。由于其极度自由化的特点，如果社会管理者无法对其进行有效的监控，就会导致严重的不良后果。

在生活习惯上，新媒体改变了现实大学生活中的许多模式、程序与规则。以网络为代表的新媒体的虚拟性是一把双刃剑，既可以带给大家一个自由、平等的环境，但缺乏真实情境中的情感流露和人格感染，也会对人际交往产生较大的影响。而且新媒体教学模式的开放性使得很多不良企业和不良商家发觉其中的商机，在煽动学生消费的同时还要利用学生周围的社交关系，引导学生产生变相的心理偏激。而且很多现代教育理念下高校阶段的学生在学习过程中喜欢用新媒体来宣泄自身的不满情绪，这些言论如果没有及时把控和更正，就会对整个现代教育理念下高校建设产生巨大的不利影响，带来严重的教育教学发展后果。

三、现代教育理念下高校教育教学管理应对新媒体冲击的对策

（一）重新审视新媒体教学模式的应用现状

在新媒体教学模式的实践发展过程中，现代教育理念下高校教育教学应该伴随着新媒体的渗透而不断前进，在日常的教学环境和教育建设中搭建更多有效的、多元化的教学新媒体，通过这些新媒体来提高学生对学校建设的关注程度，提高学生对学校教育建设安排的认知程度。现代教育理念下高校在自己建设新媒体平台的过程中不仅可以提升学生的学习兴趣，还能从根本上改善上文所提及的新媒体利用中的弱点。

现代教育理念下高校建设的新媒体教学平台从本质上来说，首先是具有新媒体教学平台的优点，传播速度快、信息包含广、平台公平公开性良好等。学生与教师在这样的新媒体平台中所能展现的自身价值就更加明显。学生可以在现代教育理念下高校学习的过程中将自己对学习的理解和习惯的养成发布到新媒体中帮助其他同学，教师可以在新媒体平台中展现自己多元化的教学方案和教学内容来帮助学生和其他教师。这样不仅可以有效地实现教育管理工作的全面提升，还能让新媒体从根本上实现教育教学的利用基础价值。

就我国当前的新媒体教学建设来看，还有很多的不足之处需要广大教师和工作人员进行改善。首先需要提及的就是新媒体教学平台构建过程中平台的特性不足，微信微博等新媒体所能利用的价值是非常简单明显的，而教育教学在发展新媒体技术的过程中所需要考虑的不仅仅是社交环节，更加需要关注的是教育教学内容的深入落实。这样就使得现代教育理念下高校建设的新媒体平台不能很好地满足学生的兴趣需求。

教师在利用新媒体教学平台的过程中往往很难实现其他平台固有的特殊属性价值，学生在现代教育理念下高校新媒体教学平台中的使用频率和使用黏性很低，而且其他新媒体

平台的舆论引导和多元化信息对学生诱导能力是非常强的，就当前的现代教育理念下高校新媒体建设来看，还需要不断在新媒体平台建设中树立良好的价值观，让学生可以正确解决不同的学习问题和生活问题。与此同时，教师应尊重学生的学习主体地位和个性发展，实现教育观念的转变。这是因为新媒体环境下的现代人才标准已经逐渐体现为对学生素质的综合性、全面性的推崇，并延伸为注重学生的创新精神、实践能力与协作能力，注重学生的心理素质和竞争品质。将以人为本的观念贯彻在现代教育理念下高校教育管理的日常工作中就是在现代教育理念下高校内进行人性化管理，最主要的是要让教育管理融入学生生活的每一个方面。这就要求学校的管理层要关心学生的内在需求，通过合适的引导与教育来提升这些需求，将这些需求引向一个更高的层次。

在新媒体环境下，现代教育理念下高校也应对传统教育管理的内容有所扬弃。在新媒体盛行的今天，我国大学生的教育管理内容不应局限于传统意义上的教育内容，我们必须拓展教育管理内容的广度，赋予大学生教育管理更多、更丰富的内涵，将时代发展和大学生的全面发展诉求与大学生教育管理相结合，建立针对性和实效性强的开放创新的大学生教育管理内容体系。为此，我认为一定要从优化大学生教育管理的内容结构入手，全面提升当今教育管理内容的时代适应性，在提高教育管理者对新媒体时代和新媒体技术的认识的基础上，还要加强虚拟环境中的精神文明建设，引导大学生认识网络世界的本质，网络其实有很强的虚拟性和不真实性，培养他们在翱翔于多彩斑斓的网络世界时自觉控制好自己的言行，避免沉迷于虚拟的网络世界而无法自拔的情况发生。

保留和继承传统教育管理中有积极意义的东西，并把它发展到新的阶段也是我们开展变革的非常重要的任务。对此，我们应该把握住传统教育管理中的教师形象的实质，即便是在新媒体的环境下，教师仍然要坚持自己作为一名道德模范的职责，作为教育主体，是德育教育过程的组织者，应起主导作用。教师的一言一行直接影响学生，是学生模仿的对象。教师自身的表率，教师的思想行为、作风品德、工作态度等无时不在感染、熏陶和影响学生，这是一种生动、直观、极具说服力和感染力的教育手段。

事实上，现代教育理念下高校阶段的教育教学建设不仅需要广大教师共同努力通过实践来实现，还需要学生在使用过程中不断地尝试和提供意见，让新媒体教学模式在现代教育理念下高校教学管理中真正实现新媒体平台的价值，可以为学校的活动推广进行宣传，可以成为学校特殊事件的引导平台，可以有效地实现学校的公益活动，可以帮助学生实现综合素质的培养和学习习惯的养成，同时还可以有效增加新媒体教学平台的社会属性。

（二）制定具体措施以发挥新媒体的价值

首先，现代教育理念下高校应积极转变教育观念，尊重学生的学习主体地位和个性发展需求。新媒体的发展使得当今社会的人才衡量标准发生变化，越来越倾向于从综合与全面的角度考察学生的素质，并逐渐延伸至对学生实践能力、协作能力、创新精神以及心理素质和竞争能力等的考察。在这样的背景下，现代教育理念下高校教育教学管理必须整体上升到一个全新的层次，根据社会需求培养优质的人才，只有这样才能最大限度地利用好新媒体技术和平台。

其次，现代教育理念下高校应及时完善教育教学管理评价体系，提高教育管理者的素养。新媒体对现代教育理念下高校的冲击迫使现代教育理念下高校要重建大学生教育管理评价体系，且要遵循"以人为本"的理念将原来简单、粗糙的评价指标进行合理细化，从而对新媒体时代下大学生的教育教学管理工作起到规范作用。而想要构建满意的评价体系，就必须要求现代教育理念下高校教育教学管理者相应地提高自身的新媒体素养。准确地说，现代教育理念下高校教育管理者应从基本理论入手，在掌握基本理论的前提下不断学习新媒体技术以达到随心所欲的应用，这样才有可能在实际工作中发挥新媒体的价值。

再则，现代教育理念下高校应努力拓展教育教学管理的新阵地。新媒体时代下现代教育理念下高校教育教学管理平台必须与时俱进，换句话说就是要开辟出利于大学生成长的"第二课堂"。对学生而言，开拓"第二课堂"有利于其形成独立的人格，促进其综合素质的提升。而"第二课堂"本身又便于提供丰富多彩的课外活动，这些活动的开展可以反过来帮助教育管理者及时掌握学生的思想行为动态。长此以往，教育管理双方可以在深层接触的过程中增加彼此的感受和认同，不论对大学生的成长还是教育管理者的工作都具有积极意义。

最后，现代教育理念下高校必须对传统教育教学管理的内容有所扬弃。在现代教育理念下高校全面实施新媒体教学模式的同时，在教育教学管理的内容上也应该进行合理取舍。传统意义上的教育教学管理内容不论深度、广度还是指向性都较为不足，亟须注入更丰富的内涵，建立更加具有针对性、时效性和开放创新的大学生教育教学管理内容体系。具体而言，现代教育理念下高校可以从优化大学生教育教学管理内容结构入手，从整体上提升内容的时代适应性，进一步加强虚拟环境中的精神文明建设，引导大学生认识新媒体的利弊，避免其沉迷在网络世界中而丧失思考能力和现实沟通交流能力。此外，现代教育理念下高校也应对传统教育教学管理中的有价值内容进行保留和继承，甚至可以考虑利用新媒体将其发展到新的阶段。当然这一过程离不开广大教师的努力，作为教育教学管理的主导者，教师们要坚守自身道德楷模的职责，将新媒体化作一把旗杆，撑起社会主义和时代精神的大旗，带领学生走向光明、美好、健康的未来。

我国的新媒体建设程度在世界也属于一流，就新媒体平台在现代教育理念下高校教育教学的管理发展过程中如何实现其特殊的价值和意义的问题，还在不断探究发展思考的过程中，这个过程需要广大教育工作者共同努力，在不断实践的过程中发现新媒体教学建设的特点，针对传统现代教育理念下高校教学管理的弊端在新媒体教学模式中寻求解决方式，让新媒体教学模式真正成为新时代具有特殊教学价值的模式。

第五节　现代教育理念下高校教育教学管理创新要以人为本

　　教学管理在现代教育理念下高校教育综合管理中占据重要地位，传统的现代教育理念下高校教育教学管理责任主体主要是行政教育人员，教职工主体地位不明显。随着教学制度的深入改革，这种缺乏责任主体意识的制度已经不能够满足时代发展的需要，因此在现代教育理念下高校教学管理中应该改革创新，以人为本，进行科学改革。

　　高等院校最重要的职责是培育人才，因此其教学功能是高等院校最主要的中心工作。在现代教育理念下高校教育管理工作中，教学管理是非常重要的一环。近几年来，由于高等院校的扩招，我国在高等院校管理体制以及运行模式方面存在的问题逐渐显现，传统的现代教育理念下高校教育教学管理模式未能完全摆脱计划经济时代形成的行政指令教学管理形式。面对新形势的教学管理要求，要想提高高等教育教学质量，为国家建设培养高质量的专门人才，就必须建立符合现代教学管理体系的科学化教育机制。在教育教学管理中，应该以人为本，让广大教职工成为教育的主体，充分发挥其主人翁意识。在目前形势下探讨现代教育理念下高校教育教学管理创新具有十分重要的现实意义。

一、目前教学管理中存在的弊端

　　计划过于统一，缺乏灵活性。目前我国高等院校实行的教学计划以及课程设置高度统一，教学大纲、教材以及教学方法难以创新，这就使得课程结构缺乏灵活性，学生选择的空间较为狭窄，教学的内容很难跟上时代发展的潮流，对于高等院校，培育新时代高素质创新人才具有较大的差距。

　　计划执行过于强调强制性。现代教育理念下高校教育教学管理多数属于行政型管理模式，更加强调权威以及服从，特别是学校管理者与广大教职工以及师生之间缺乏必要的交流，对于计划执行的对象难以进行有针对性的分析，生搬硬套任务实施控制的较多，主动分析进行针对性服务的较少。

　　计划过于封闭。现代教育理念下高校教育教学管理整个教学计划以及教学改革措施民主参与度不高，同时缺乏必要的宣传以及咨询反馈评价机制，整个教育教学管理过于封闭。

　　计划评价过于形式化。行政型的现代教育理念下高校教育教学管理模式基本是以决策者作为中心，对管理者基本是信息收集的工具，并不具有改进决策的重要作用。所参考的评价指标不够科学，在工作中使用较多的定性方法，定量方法分析使用较少，因此整个评价过于流于形式。部分学生将对课堂的综合评价仅仅限于对老师的评价，因此难以对课堂设置以及教学内容的安排进行有针对性的反应。

二、构建以人为本的高效教育，教学管理模式

教育教学管理思想要以人为本。以人文本的思想更加强调人的主体地位，特别是要发挥人的能动作用。增加对人的理解和尊重，为人才创造更大的价值创造有利的条件。在现代管理中，需要秉承以人为本的理念，这种理念能够产生巨大的凝聚力，形成一种奋发向上的动力和精神。在高等教育教学管理中秉持以人为本的思想，就是以人的发展作为根本，高等院校在实行以人为本的教学管理中，需要梳理学校为人以及学校树人的理念，在学校中，要树立广大师生作为教育教学主体的地位，整个教学宗旨以及办学理念要以师生的发展作为前提，需要保障老师和学生的根本利益，将培养人才作为学校工作的出发点以及落脚点，高度重视师生综合素质的提高，促进主体地位提升以及师生的全面可持续发展。

高等院校教学管理体系设置需要以人为本。高等院校教学管理是高等院校工作中的重要组成部分，是实现教学目标的重要方法。需要根据统一的原则合理地对教学活动进行引导和控制。教学管理方法的实质就是引导出一种较为良好的教学环境，使得在教学过程中能够较高效率的达到预先设定的教学目标。高等学校教育教学管理的水平将直接影响到整个高等院校在教育教学中的秩序，同时与高等院校教学质量密切相关。因此高等院校必须与时俱进，深刻把握现代教育理念下高校教育教学管理这个指挥棒，同时秉持以人为本的发展观念，树立正确的人才培养体系，建立符合规律性的高等院校教学管理体系。

在课程设置上，需要尊重学生的心理以及情感规律。目前大学生一般处于 18～22 岁之间，正处于青年时期，这一时期，大学生心理发展同样不容忽视，正在逐渐走向成熟；另一方面，由于校园环境与社会环境的差异性，在校大学生的社会认知以及情感和意志品质等仍旧在发展中，因此在进行高等院校教学课程设置时，更需要因材施教，有针对性地制订教学计划，并且遵循大学生自身的心理特点以及认知规律，逐渐以学生作为根本的课程结构体系，将学生作为发展的主体。

在教学方法上更加注重学生的主体地位，将学生作为学习的中心。美国学者对于目前高等院校的教育方法进行了比较科学的总结，他认为适应目前学科体系的教学方法一般包括三个步骤，第一，必须讲述一般背景，随之进行学科性的综合训练；第二，可以利用学科知识，在实践中解决大量存在的问题；第三，对于在各个学科均存在的交叉问题，可以相互联系起来。这三个步骤可以同样适用于理科教育，工科教育以及文科教育，也适用于专业教育和研究生教育。教育教学有方法但是却没有固定的方法，因此高等院校老师要充分地利用教育的规律，在教学过程中把握原则，充分借助高效率的方法，因地制宜因时制宜，并且结合自身和学生的优势，形成自身独特的教学风格。高等院校老师肩负着培养国家专业性人才的重任，同时，所培育的人才还要具有创新精神以及实践能力，因此高等学

校老师要充分借助以人为本的发展理念，抓好教学三步骤，将目前以教师作为中心的教学体系转变为以学生作为中心的教学体系，要特别注意以下几点内容。

第一，高等院校老师要将原有的以知识点的传授重心转移，更加朝向能力素质的培养上。在课堂教育中要摒弃灌输的教育模式，切忌照本宣科，在学科讲解知识演练的过程中，更加注重精讲精练，让学生多思考，注意培养学生的逻辑思维以及质疑能力，在课堂教学中提高学生的思考能力。

第二，必须要充分借用各种形式而充分调动学生的积极性，使得学生能够深度参与课堂教学，在课堂教育中要摒弃老师一言堂的传统模式。鼓励学生以一种比较自由和放松的氛围进行学习，学习环境要尽可能自由，不拘于形式，讲究以学生作为言传身教的中心。

第三，在课堂教学中要摒弃教师单向灌输的模式，更加注重师生之间的互动，老师在课堂教学中需要允许学生提出疑问，鼓励学生提出反对性意见。在课堂上鼓励学生向自己提问。

第四，需要将素质教育以及专业素质两者之间充分结合起来，高等学校老师可以借助于先进的教学方法，积极开展社会教学实践，为学生综合能力的培养创造良好的环境。

三、高等院校队伍建设要讲究以人为本

教育是百年大计，实现中华民族的伟大复兴、振兴教育是关键，教育的核心又在于教师。因此从这个角度上来看，教师队伍是进行教学实践的主体，也是整个教育系统中最为关键的建设。目前教师队伍建设面临较大的困境，教育理念处于较多的变化，使得老师难以适应；部分教材内容变化较大，老师也难以适应。教师难度的增加更加说明社会对于教师素质的重视，更加需要加强教师队伍的整体建设。在教师队伍管理中，必须最大限度发挥教师的积极性，建立健全管理机制，主要包括教师的评估机制、竞争机制以及教学活动的激励机制等等；需要组织老师加强学习，增强自身的竞争意识以及责任意识，树立优异的教学理念，同时爱护学生，热爱学校，爱岗敬业，做一名合格的社会主义教师；同时也要尊重人才，塑造人才，加强文化建设。在校园文化中营造较为浓厚的学习氛围。教育教学管理部门也要对老师进行人性化的管理。服务措施要落实到位。

高等院校目前在教育教学管理中出现了许多新的问题，这些复杂问题，对于高等院校教学管理提出了更高的要求，同时教师和学生的教学管理工作也面临着巨大的考验，这对于教育教学管理工作者提出了更高的素质要求。在这一建设过程中，必须实现以人为本的教学理念，建设一支政治素质过硬、综合素质较高、作风较为优良的教育教学管理队伍具有十分重要的作用。

高等院校在教学管理中要追求可持续发展的理念，不断增强自身的核心竞争能力，要培养核心竞争力。优质的教育教学管理理念在其中占据着十分重要的地位，为培养高质量的人才提供制度保障，因此现代教育理念下高校教育教学管理工作要加强思想创新，坚持以人为本的理念，真正做到以师生为中心。

第六节　现代教育理念下高校教育教学改革研究
项目过程化管理

　　高等院校教育教学改革研究的直接目的是提高现代教育理念下高校的教学质量。师生受益是教育教学改革建设的落脚点和可持续发展的保障。科学有效的管理制度是确保教学改革研究项目质量的重点，过程化管理对教学改革研究项目从立项到结题之后的项目成果推广具有正面积极的导向作用。本论文针对高等院校教育教学改革项目存在的问题进行分析，从过程管理的三个方面进行规范化探索与分析，达到进一步推动高等院校教育教学改革研究水平逐渐增强的目的。

　　教育教学质量不仅是高等学校永恒的主旨与话题，也是高等教育的根本所在。开展教改项目的立项，旨在鼓励现代教育理念下高校的专职教师或者管理人员，围绕目前教育教学所面临的重点、难点或热点问题，开展研究或改革实践；引导教师潜心教书育人，培育高水平的教学成果，不断提高教育教学质量。提高高等教育质量的关键在于真正落实教学改革，教学改革是高等教育各项改革的核心。

　　我国的教育教学改革可追溯到 1985 年，进入 21 世纪以来，我国高等教育进入了一个空前发展的时期，到 2018 年 6 月 21 日，教育部召开了改革开放 40 年以来第一次全国高等学校本科教育工作会议，会议强调要坚持以本为本，推进四个回归，必须把"培养人"作为学校的中心任务；高等教学内涵发展更深一些，要着力提升专业建设水平，推进课程内容更新，推动课堂革命，建好质量文化。《教育部关于深化本科教育教学改革全面提高人才培养质量的意见》（教高〔2019〕6 号）和《教育部关于一流本科课程建设的实施意见》（教高〔2019〕8 号）指出课程是人才培养的核心要素，课程质量直接决定人才培养质量。为贯彻落实习近平总书记关于教育的重要论述和全国教育大会精神，落实新时代全国高等学校本科教育工作会议要求，必须深化教育教学改革，必须把教学改革成果落实到课程建设上。省级教育行政部门研究制定省级一流本科课程建设实施方案，制定推动本地区一流本科课程建设与教学改革配套政策；中央部门所属现代教育理念下高校统筹利用"中央现代教育理念下高校教育教学改革专项"等各类资源支持一流本科课程建设。三十多年来，无论是省级的教育主管部门，还是各个现代教育理念下高校都通过教育教学改革研究项目的立项来促进自己学校的教学改革发展，进一步落实"以本为本、四个回归"的要求，加强对本科教育教学改革的领导。

　　研究现代教育理念下高校的教育教学改革，除了要研究改革的内容，还要研究改革的管理实施过程。教育教学改革研究项目从立项到研究成果的推广，都受到过程管理这一重要因素的制约。各个现代教育理念下高校教育教学研究项目的过程化管理流程上大同小异，实际上它是一项综合性、应用性和政策性很强的工作，也和教学管理的其他各个环节相互联系。想要抓好整个教育教学改革项目的质量，就不能忽视教学研究项目的管理。教学研究项目管理是现代教育理念下高校教育教学管理的重要组成部分，科学有效的管理制度是确保教学改革研究项目质量的根本。

目前各现代教育理念下高校教育教学改革研究项目的过程化管理有相似之处，基本程序大致相似，但是在新时代新形势的要求下，仅仅完成这些常规性的管理是远远不够的。主要从以下三个方面进行改进提升：

一、高等院校教育教学改革研究项目管理要逐步建立起信息化管理系统应用平台

以西安财经大学为例，教育教学改革研究项目从 2004 年开始立项，截至 2019 年立项项目共 660 项之多，每年平均立项约 41 项。单 2019 年一年的申报数量，就达到了 80 余项。随着科技的进步，教育信息化建设已然是丰富基础资源、提高技术水平、加强师资应用及其整合能力的基本途径。鉴于此，想进一步提高教育教学项目过程管理的时效性必须搭建相应的信息化管理系统平台。系统平台不仅减少了纯人工统计、核对的过程，也对不同年份、不同学院部门的项目申报数量和结题与否的状态实现全方位的管理。通过教学项目信息化管理，能及时更新教学项目的过程信息，大幅度地提高数据存储和提取的效率，形成了一个科学有效的管理工作体系和流程框架。

再者，现在高等院校的青年教师比例增加，已经成为现代教育理念下高校教师队伍的主干力量。无论是做教学还是搞研究，线上系统的应用对青年教师而言驾轻就熟，适应度更高，也对教育教学研究项目的信息化管理提出了新要求。

二、教育教学改革研究的立项项目成果需要进一步转化推广

为有效推动教育教学改革，西安财经大学很早就设立了教育教学改革研究项目申报工作。例如在 2010 年西安财经大学已经有教师申报关于课程翻转课堂的相关研究，也顺利结项，但是直至近年结合开展翻转课堂、混合式教学，打造与本校课堂教学相融合的混合式"金课"才逐渐重视起来。从这个例子来看，我们可以发现部分优秀的且具有推广价值的教学研究项目缺少后期的转化推广，有潜在价值的教育教学改革研究项目尚未真正发挥实际的教学指导作用。

要想把教学研究项目的成果最大化，使教学研究部分项目真正发挥教改立项项目为教学实践服务的作用，让教师有效教学，学生推进学习，一方面教改管理过程中应该对深化高等教育教学改革、提高教育教学质量具有重要价值的项目成果采取积极措施，促进项目成果在教学和管理工作中的转化推广应用，并对成果内容和应用情况大力宣传，使教改项

目发挥最大的效益。

再者，在项目的申报上着眼于学校整体的发展战略思想，形成以人为本的评价和激励机制。通过完善现代教育理念下高校教育教学项目过程管理的制度性文件，提高教学业绩奖励的额度以及在学校范围内的宣传，推动教育教学研究改革方向更深的层次，更高的阶段去发展。对于立项的教师，可考虑减轻其教学任务，把立项项目的实践推广作为宏观调控的手段之一，使其可以有更充足的时间投入到项目成果的转化当中，这种机制充分考虑了学术激励和市场激励，进一步提高立项项目成果转化的积极性。

同时，现代教育理念下高校要考虑加大知识产权管理和保护力度。当前国内各现代教育理念下高校还没有专门的知识产权保护部门，也没有设立专业的教改成果转化机构，这就造成了现代教育理念下高校教改成果管理的规范化和专业化水平不足。教育教学改革研究项目的内容有其特有的独创性、创新性、前瞻性，如果在过程化管理中能够进行有效的筛选，去除其重复性、陈旧性，可以在一定程度上保证项目成果转化的质量。

三、现代教育理念下高校教育教学改革项目监督管理检查体系需要进一步完善

由于政策的激励作用以及其他积极因素，各个现代教育理念下高校教师对教育教学改革研究项目的申报非常积极，一些教师在项目申报时间还未出正式通知之前就多次询问项目申报的相关事项，还有的老师提前几个月抽出时间为项目立项做申报准备。大部分老师在拿到立项项目后都认真耕耘，争取按时结题；然而也有老师拿到项目后将其束之高阁。通过对我校历年来申报的项目的逐年清理，其中有部分项目由于各种个人原因不能结题只能予以撤销。从这里可以看出，部分教师重立项结果，轻建设过程。

面对这种情况，现代教育理念下高校需要从两方面来改进：一方面是提高教学管理队伍的整体水平。教学管理人员的水平对项目过程管理的质量和成效有直接影响，教学管理人员要主动更新专业技能，熟悉学习新的上级政策文件，更新学校教改的管理规定，变被动管理为主动管理，为项目的立项和实施提供可供参考的最新的思路和方向，为项目产出成果创造提供更加灵活的条件，也为后期教改项目成果的推广和实施提供广阔的空间，真正发挥教学管理部门的引领作用。另一方面管理部门可以不定期地举办教育教学改革项目的校外专家座谈会或者校内教师之间的交流会，促使教育教学改革项目需要申报的教师或者已经立项的教师一起探讨教育教学现在面临的问题以及亟待解决的问题都有哪些，立项项目取了哪些新的阶段性成果。通过监督与管理，吸收多位教师不同的创新理念和成果，促进全校教育教学改革项目质量的提高，管理部门也能更有效地进行监督与控制。

教学改革是高等学校教育教学工作的核心和重要环节，围绕教育教学质量开展教育教学改革项目管理过程优化，是将教育教学改革落在实处的重要举措之一，是促教学水平上台阶的重要内容和途径。高质量的教学改革研究管理过程对于全面提高人才培养质量，促进教学工作者的教育教学水平和效果都有积极重要的意义。

第五章 现代教育理念下高校教学管理创新研究

第一节 现代教育理念下高校教学管理创新存在的问题

教学管理的创新问题已经成为各现代教育理念下高校的共识，大家对创新的必要性进行了大量论述，并就如何创新提出了一些建设性意见。然而在实际执行过程中，有许多问题阻碍着创新的进一步深入，使教学创新流于形式。解决问题的关键在于切实可行的对策，并一以贯之。

近年来，随着扩招和教育改革的不断深入，我国高等教育已经由精英教育转向大众教育，教学管理的内容和对象也日益复杂。为适应这一形势，广大教学管理人员主动适应现代社会发展需要，尤其是高等教育发展需要，与时俱进，对管理理念、管理资源、管理手段等主动调整、更新，管理创新的呼声日渐高涨。在创新活动的逐步开展过程中暴露出许多设计和执行中的问题，如何解决并进一步推动创新是当务之急。

一、当前现代教育理念下高校教学管理创新存在的问题

对教学管理创新的支持力度不足。教学管理的重要性和必要性已经得到许多校长的认可。随着人才培养水平评估工作的深入开展，教学管理的规范性逐步得到重视和提高，各类规章制度日趋完善，必要的管理岗位和管理人员也得以设立与充实。但许多学校把工作的重点放在了教学创新和专业建设方面，对教学管理的创新缺乏理念的支持和引导，缺乏必要的要求和足够的重视，对教学管理创新的探索零星而散乱，难以对教学工作起到系统的支撑作用。实际上，各现代教育理念下高校对教师的教学创新和改革支持力度要远远大于教学管理人员，客观上造成了教学管理创新的滞后。

现实情况是，认识到教学管理中以人为本重要性的教师和管理者不少，确立理念、上下贯彻的学校却很少。笔者认为，首先要由校长牵头，在领导层统一思想，再进行自上而下的人本理念的推广和渗透，在日常言行和工作过程中，领导层尤其要注意以身作则。其次，在实际工作中进行工作模式上的理念固化，使人本理念深入人心。例如，与奖励教学

效果的奖教金一样，设立管理创新奖，重点奖励管理人员在工作中的创新之举，由教师和管理人员共同评选，对获奖人的做法进行全校宣传和经验介绍。同时，应加大对教学管理的关注力度，从科研要求、管理效果等方面加强考核，最少应接近对教师的考核力度，并从经费支持、政策倾向等方面向普通教师靠拢。再次，在教学服务、检查和监督过程中要注重民主化，尊重学术的权威。充分尊重教师和学生意见，实行民主决策，提高决策的科学性和管理效能。充分发挥学校学术委员会、教学督导部门、教学指导委员会专家的作用，依靠专家、学者，使行政管理职能和学术管理职能有机融合。

评估工作的一个重要内容就是规范教学秩序，规范管理流程和手段。目前，规范的理念已深入人心，各项规章制度逐步设立，校方也更为重视教学管理部门的教学保障功能。但这并不表明教学管理已走上规范的轨道。事实上，管理人员为了规范而整日忙碌于事务性工作，产生了大量部门和岗位之间的内耗性劳动，并不产生实际效益，对教学质量的提升也起不到有力的促进作用，造成人力资源的浪费。原先传统的工作方法和习惯仍具有较大惯性，尤其是在历史时间较长、老员工较多的院校中表现明显。因此，在这种强调规范却尚未完全完善的环境中强调创新，容易引起思想的混乱，混淆工作的主次，反而会在一定程度上阻碍创新思想的萌发。

现代教育理念下高校教学管理本身日益复杂。主要表现在：一是学生数、教师数急剧增加，管理宽度加大；二是专业设置快速多变，传统管理方式逐步向跨学科管理转变；三是很多现代教育理念下高校在合并过程中出现跨校区管理，导致教学管理难度和复杂程度增加、教学资源分散、校园文化建设难以统一等诸多新的问题；四是不少现代教育理念下高校，尤其是高职院校的办学形式日益多样，学历教育层次较多，一套人马管理多类学生，面临的管理难度不小。以上种种因素表明现代教育理念下高校的教学管理创新已成必然。

二、对现代教育理念下高校教学管理创新的几点思考

确立并落实以人为本的现代管理理念。现代管理理论认为，在管理的诸多因素中，人是最活跃、最能动的决定因素。以人为本的教学管理理念，就是把人的管理作为学校管理工作的重心，根据人的社会价值和人的心理活动规律，正确运用用人方略，创新教学管理模式和方法，使他们积极参与学校教育教学改革和发展建设中去。过去，人们把教学管理工作单纯地理解为对学生、教师的行为管理，教学管理者居高临下，凭经验和权力意识指挥教学，这种重在"管"的管理模式造成的是一种呆板、僵化、服从的管理氛围，在教学管理与重大教学改革中教师没有发言权，其创造性和积极性被人为压制。如今大家普遍意识到，教学管理不仅要"管"好，还要"理"好，要以人为本，营造一个科学、严谨、民主、开放的人才培养与成长环境，充分肯定人的主体地位和自主价值，实现管理和被管理者之间的和谐统一。

大家普遍认为，教学管理人员肩负管理的主要职责，创新的主要目的也是更好地服务

教学，因此创新是具体执行人员的使命，与教学和学生管理工作无关。事实上，教学本身是一项综合性工作，学校所有工作都与教学紧密相关，缺乏各方支持配合的管理创新将成为无根之木，难以持久深入。当前为了规范而设立的各类部门和职位，有利于将具体工作做细做精，却也容易滋生部门主义和山头作风，制造许多工作壁垒，使得一些综合协调性的工作效率低下，得不偿失。

用弹性制度切中规范与创新的最佳结合点。长期以来，学校管理重视制度建设，这对教学管理的规范和教学秩序的稳定起到了非常重要的作用，但是过于"刚性"的管理制度也会制约教师的个性发展，制约管理人员创新行为的产生。因此，要建立完善弹性教学管理制度，既增强教师的自主性，激活其内在的动力和潜能，又充分发挥教学管理人员的创新智慧。所谓"弹性教学管理制度"是指根据社会的最新变化和教学的需要，实施切合专业发展、课程教学的一系列具体的管理方法、措施和规范。这是世界高等教育教学和教学管理改革的一个趋势。

弹性教学管理制度的建立可以从弹性学制入手，进一步完善学分制。学校根据质量要求确定各专业的学分数，学生可在教师引导的基础上按照自身水平和基础，自行安排学习进度，提前毕业或延长学制；采取自由选课制，在修完专业核心课和专业基础课之后，学生自主选择感兴趣的课程，甚至允许学生跨校选课，通过各现代教育理念下高校之间的学分认同，在充分满足学生个性要求的同时对所开设的课程优胜劣汰；设立奖励学分，对学科竞赛、科学研究、科研发明、社会实践中表现优秀的学生，给予学分奖励，甚至可以在条件成熟的情况下设立学分银行，对学分进行统筹管理。通过学分制的不断完善，改变过去在培养目标上忽视个性特点的状况，以适应社会对高素质创新人才的需求日益增长的趋势，实现人才培养模式的创新。

改革教学管理中统一制式化的做法，倡导多样化和个性化。长期以来，现代教育理念下高校普遍存在着教学计划一体化、教学过程同步化、教学方法单一化、教材使用一本化等问题。进入大众化教育阶段后，教师和学生本身更加注重个性发展，要求现代教育理念下高校实行"多层次、多规格、因材施教"的人才战略。因此，在专业课程设置、教学方法、学习方式及评价方式和教学管理方式上都必须突出多样性，给教师和学生更多的自主性。在目前流行的院系两级管理体制下，系里的教学管理自主权普遍较小，存在教务处一家独大的局面，在统一管理和加强监督的理念下遏制了教学系的积极性和创造性，这种现象在规模较小的本科院校和高职院校中较为普遍。因此，笔者认为，要转变工作观念，各负其责，即学校职能部门专注于创造良好的条件，为教学系的教学提供便利，教学系专注于改革和创新，紧盯招生和就业两个市场，让市场来检验改革创新的成效。

将教师纳入到教学管理创新的主体中来。工作专门化、精细化曾经是管理史上里程碑式的创举，大大提高了效率，为人类物质生产做出了巨大贡献。引申到现代教育理念下高校管理中来，就容易得出管理人员是教学管理创新的唯一主体的结论，目前这种论调还存在于不少人的观念中。实际上，即使在管理学领域也提出了更为符合形势发展需要的工作扩大化的做法。教学管理人员与教师之间的界限需要淡化而不是强化，两者结合可以极大地互补。因此，将教师纳入到教学管理创新中来刻不容缓。首先，教师应该为教学管理创新提供最为真实的数据和资料。教师既是教学管理的参与者，又是被服务者，对管理过程中存在的缺点和不足有深刻的认识。如同管理人员应有教学科研任务一样，教师也同样应该具备管理水平和能力，并在考核指标体系中体现出来。其次，教师应该充分运用教学管理创新成果。教学的改革与创新离不开学生的参与和反馈，而教学管理部门恰恰在这方面具有优势，况且教学管理创新的主旨也在于为教学服务。在运用创新成果的基础上，将优缺点及时反馈，有利于教学管理创新的良性互动和可持续发展。

提高教学管理者的管理水平。教学管理的对象是人，以人为本管理理念的体现其关键是教学管理者本身的素质与水平能力，而目前现代教育理念下高校教学管理队伍相对教学队伍来说，教育教学管理理论知识贫乏，学历层次不均，每天大多忙于烦琐的日常教学管理事务，致使教学管理缺乏科学性和创造性。教学管理本身兼具行政管理与学术管理双重属性，教学管理人员不仅要懂得一般管理经验，更要了解、研究教育理论和教学规律。因此，笔者认为应从以下几个方面入手：加强对教学管理人员的培训，提高其管理水平，更重要的是更新教学管理理念，树立以人为本的管理理念，增强服务意识，为教师的才能发挥提供广阔的空间；致力于制定、实行公平的政策，创建有持续性的公平竞争环境，建立能持续调整的弹性机制，以实现管理效能整体提高的目标；熟练掌握学校教学网络系统，以提高教学管理效率，建立现代化的教学信息服务系统，包括所有课程的教学内容信息、课程调度信息，学习要求和毕业资格信息等，以方便学生查询、选择、自主设计学习方式。

当然，单纯强调以人为本，也会忽视管理应该遵循的客观规律，使管理失去客观性、公正性和规范性，造成管理的随意性和软弱性。高等教学管理应该是人文精神和科学精神的综合体，严格的科学管理制度与以人为本的管理理念两者相辅相成，才是理想的教育管理模式。

第二节　现代教育理念下高校教学管理创新的必要性

现代教育理念下高校教学管理是一项重要又复杂的工作。近年来，随着教育体制的不断深化发展，对现代教育理念下高校教学管理进行不断创新已是必然趋势。本节以现代教育理念下高校教学管理创新必要性为切入点，重点对现代教育理念下高校教学管理创新的对策做出详细探究，从而保证现代教育理念下高校教学管理迈上一个新台阶。

建设创新型国家是我国提出的新型战略方针。如何实现创新型国家，关键在于创新型人才的培养与储备。现代教育理念下高校作为创新型人才培养的重要阵地，对创新型人才的培养成为现代教育理念下高校教育教学管理的重中之重。

一、现代教育理念下高校教学管理创新发展的必要性认识

随着教育体制不断深化发展，培养创新型人才成为现代教育理念下高校首要的教育工作。现代教育理念下高校教学管理的创新不仅是时代的发展需要，更是国家建设的需要。另外，受市场经济体制的影响，现代教育理念下高校不断发展进步，必须进行教学管理的创新工作。新时期现代教育理念下高校教学管理创新的必要性主要包含以下几方面内容。

（一）高等教育大众化发展的迫切需要

近年来，我国各大现代教育理念下高校每年招生规模都在不断扩大，我国高等教育从精英教育向大众化教育发展。正因为招生规模不断扩大，现代教育理念下高校面积不断扩张，使原本简单的教学管理工作变得越来越复杂。但是对于现阶段的现代教育理念下高校教育来说，这是新时代发展的必然产物，也是社会不断进步的体现，因此，为了使现代教育理念下高校教育跟上时代的发展，必须对现代教育理念下高校教学管理不断创新与发展。受市场机制的影响，其中部分现代教育理念下高校只追求学生数量的增加，忽视对学生质量的要求，导致其发展速度远远跟不上高等教育大众化的发展速度，最终导致其课程教育、教学等都与社会发展需求相背离，培养人才技能结构过于传统。虽然近年来大学生毕业人数不断增加，但是真正就业步入社会后，一些现代教育理念下高校学生所学的专业无法和社会需求相挂钩，不仅学生的就业质量得不到保障，还造成教育资源和人力资源的浪费。

（二）现代教育理念下高校自身发展变化的迫切需要

近年来，我国大部分现代教育理念下高校招生力度不断扩大，校区规模不断扩张。其中还有不少现代教育理念下高校，在本校区以外建立分校区，教学管理工作只能跨校区管理。如此一来想要实现规范统一教学管理必然有一定的困难。教学资源分散，管理难度增加，管理效率低下，诸如此类问题的存在，成为现代教育理念下高校教学管理创新工作中必须解决的内容。传统教学管理模式与经验已然不适用于现今的跨校区、多校区教学。新时期新背景下对现代教育理念下高校教学管理创新发展已成为现代教育理念下高校自身发展的必然需求。

（三）高素质、创新型人才培养的迫切需要

自 21 世纪以来，世界各国综合国力的比拼愈来愈白热化。而有效提高综合国力的关键在于科技实力的提高和创新型人才的培养。现代教育理念下高校作为培养人才的主要场所，学生的创新教育成为重中之重。因此现代教育理念下高校首先应该改变思想，重新审视传统的教育理念，重新定位创新创业型人才的培养目标；其次要从教学管理制度入手，对专业设置、人才培养目标重新进行创新性定位，优化现有的教学管理制度，制定满足培养学生实践能力、创新精神和创业能力的教学管理制度。现代教育理念下高校教师在教学过程中要充分考虑并尊重学生的个性差异，懂得因材施教。另外还要注重学生的个性化发

展，培养学生的自主学习能力，并为学生自主学习创造有利的环境和氛围，采取灵活多变的教学方式，充分为学生的实践活动提供指导，从单一的课堂教学转变为教学竞赛一体化的教学模式，充分发挥学生的主体作用，把教学的主体从"教师"向"学生"转变，从而为社会培养出更多的创新型人才打下基础。

二、现代教育理念下高校教学管理创新性对策研究

教学管理工作作为现代教育理念下高校工作的重中之重，若要实现现代教育理念下高校教学管理的创新就要立足全面分析问题，并从整体入手进行优化，既要坚持虽然传统却行之有效的管理模式与经验，又不排斥学习引进先进的管理方式。笔者谨提出以下几点建议完善现代教育理念下高校教学管理的创新性改革。

（一）坚持"以人为本""以学生为本"的指导思想

理念是行为的主导，正确的理念能够引导人们在正确的道路上前进。它对教育实施者的行为产生影响，对教学内容、课程设置、教学方法、教育目的乃至师生关系也有影响。现代教育理念下高校的教学管理创新，归根究底其实就是教学管理理念的创新，革新教育管理理念是根本。其科学发展的核心就是"以人为本"，国家发展是这样，现代教育理念下高校教学更必须坚守理念。在现代教育理念下高校教育过程中，坚持"以人为本"就是"以学生为本"，所有教学管理工作都要秉承"一切为了学生，为了学生的一切，为了一切的学生"的管理原则，将人文关怀渗透到日常教学与管理活动中，尽可能凸显教育方法的开放性与灵活性，最大限度地保留大学生的个性差异，让他们在现代教育理念下高校中培养出强大的自主学习意识和创新创业能力，使学生成为社会发展与国家进步所需要的优秀创新型人才。

（二）加强教育者自我学习，提升整体管理能力

加强对现代教育理念下高校教学人员的管理，不断提高管理人员的整体工作水平主要包括以下几方面内容。第一，思想政治修养的加强。现代教育理念下高校作为文化传播的重要场所，身上肩负着培养人才、发展科学和社会服务的重担。因此现代教育理念下高校教学人员首先要具备高度的责任心，用严谨认真负责的态度对待工作，这才是现代教育理念下高校教学管理创新性发展的前提。第二，掌握现代教学管理的理论知识。为了提高现代教育理念下高校的教育管理水平与教学质量，每一位现代教育理念下高校教学人员都应该全面掌握现代教育理论知识，尤其对教育心理学、教育管理学等方面的学习，还要对教育教学管理制度有充分的了解，才能保证教学管理工作顺利开展。第三，现代教育理念下高校教学人员应该具备创新能力和创新意识。为了现代教育理念下高校更好地发展，教育不断改革，具备创新能力和创新意识是不可忽视的重要内容，只有具备这两方面能力，才能为现代教育理念下高校献言献策，提出新的发展方向，为现代教育理念下高校创新性发展提供实践理论基础。只有在创新的道路上不断前进，找出适合自身的发展道路，才能使

学生个性化发展得到保证，才是不断提高学生学习积极性的基础。在如今"互联网+"的时代背景下，对现代教育理念下高校教学人员提出了更高的技能要求。网络、电脑、智能手机等都成为教学管理工作的重要工具。这就要求现代教育理念下高校教学人员在工作中自觉地多学习，积极发挥创新意识，多掌握一些网络技术，不仅工作效率得到保证，而且能保证教学各项工作的准确率。

（三）充分发挥"双效激励机制"

充分发挥"双效激励机制"，该激励制度不仅是教师积极参与教学管理的基础条件，同时还是激发学生主动学习的动力。"双效"其一指对教师的激励机制。现代教育理念下高校要进一步完善针对教师所实施的各类福利政策，让教育者毫无后顾之忧地投身教学工作。一方面要不断加大课时津贴、教学奖励等福利政策的实施力度，另一方面要鼓励现代教育理念下高校教育者将个人兴趣融入教学活动中，改变重科研轻教学的倾向，做到教学与科研两手都要抓，两手同时抓，为教师努力营造出公平合理的教学管理氛围。"双效"其二就是指对受教者——学生的激励机制。充分发挥对学生的激励机制，是提高学生学习积极性与创新性最行之有效的措施。首先引导学生提高自主学习能力及创新能力。现代教育理念下高校要给学生创造良好的学习氛围，引导学生树立正确的人生观、世界观和价值观。其次，现代教育理念下高校要多途径、多方面为优秀学生搭建创新平台，学生接受教育的场所不再单一地局限于课堂，通过诸如课程实践、实习、竞赛等多途径为学生发展提供机会。最后，建立学生参与教学的管理制度，让学生通过校方的正规途径充分了解学校、学院在教学管理方面的创新性工作，从而更好地发挥学生的主观能动性。面对新时期的现代教育理念下高校发展，建立"双效激励机制"已是必然趋势，支持教育者与受教者的工作与学习，让教与学在现代教育理念下高校教学中发挥出最大的功效与潜力，从而达到教学目标的最优化。

（四）深化教学管理体制创新

为了满足新时期我国经济体制发展需求，教育体制要适时地进行相应改革与创新。学校主要进行宏观政策、机制上的调整，进行相应评估检查，各个学院的主要职责是对教学过程和教学质量进行监管。因此，现代教育理念下高校教学管理重心要下移。一方面体现在现代教育理念下高校要改变传统专业课程的设置模式，让全体教师都主动参与到教育教学地改革、学生课程的培养方案优化工作中，从而不仅发挥出教师的各自优势，还能节约现代教育理念下高校教育资源。另一方面，完善现代教育理念下高校教学管理中校、院两级分级管理模式，重点强调院系教学管理的主体地位，明确其中的权利与责任。最后，建立更加科学的学分制度，努力促进现代教育理念下高校教育思想、教育观念、教学模式、教学内容与方法的变革。

现代教育理念下高校教学管理创新工作是大势所趋，必须凝集国家、现代教育理念下高校和社会各界的力量共同协同完成，秉承"以人为本"的科学发展理念，努力提高自身的管理能力，充分发挥"双效激励机制"，努力深化教学管理体制创新，为现代教育理念下高校教学管理创新迈上新台阶奠定坚实的基础。

第三节　现代教育理念下高校网络教学管理的创新

随着网络信息技术的发展和现代教育理念下高校教学改革的不断深入，现代教育理念下高校教学管理信息化建设在资金、人员、教学管理软件以及教学评价标准方面都跟不上发展的速度。现代教育理念下高校要进一步提升教学管理的科学化和现代化水平，就要在电子教务管理系统、管理人员信息素养、筹资渠道、教学管理软件、教学评价机制、可持续发展等方面积极探索教学管理信息化建设的新路径。

现代教育理念下高校教学管理信息化是现代教育理念下高校利用先进的计算机、数据库和网络技术，实现教学信息的资源共享，使传统的教学管理向规范化、科学化、数字化和网络化发展，最终形成与现代教育理念下高校教学管理发展并存又相互作用的虚拟教学管理系统。近几年来，随着现代信息技术的飞速发展和网络基础设施的不断完善，现代教育理念下高校教学管理信息化建设取得了重大进展，采用信息技术运行的各种教学管理信息系统更是得到了广泛的应用，促进了从宏观到微观的高等教育管理体制的改革与创新。

一、现代教育理念下高校网络教学管理信息化建设的背景

随着科学技术的进步和全球经济的飞速发展，人类社会已进入一个崭新的信息革命时代，即网络时代，21世纪对现代教育理念下高校人才的培养也提出了更高的要求。当前，现代教育理念下高校教学管理工作面临着网络新时代发展背景，具体体现在以下三个方面：

现代教育理念下高校网络教学管理面临的新问题挑战。21世纪是一个信息技术高速发展的时代，以计算机技术、网络技术以及各种新媒体手段为核心的信息技术纷纷出现，并被广泛应用于社会各领域中，成为拓展人类能力的主要工具。在这样的信息化环境下，现代教育理念下高校的教学管理工作面临着新的机遇和挑战。一方面，现代教育理念下高校可以充分利用现代化的信息教育手段来开拓教学管理工作的新局面，促进教学管理理论和方法的创新，提高教学质量，探索与发展全新的教学管理模式；另一方面，现代教育理念下高校教学管理在运用各种现代化信息技术教育手段的同时，也面临着科技新发展所带来的各种挑战。例如，各种新媒体及网络技术的购买和维修成本高，对现代教育理念下高校的经费投入提出更高的要求；新教学设备的维护工作又对专业的技术支持人员提出新的需求。

现代教育理念下高校大力推行教学管理改革运动。近年来我国高等教育事业获得快速发展，学校办学规模不断扩大，在校学生人数持续增加，毛入学率不断提高。最新的2011

年全国高等教育事业发展统计公报数据显示，截至 2011 年，我国各类高等教育学生总规模达到 3 105 万人，高等教育毛入学率达到 26.5%。由此可见，我国高等教育已经逐渐由精英教育向大众教育转变，这给现代教育理念下高校教学管理工作带来了前所未有的压力和挑战，如何确保高等教育教学质量，防止教学质量滑坡已成为社会各界重点关注的问题。显然，现代教育理念下高校过去传统的教学形式和管理体系已经难以适应大众化高等教育的发展。为了应对这种挑战，国内很多现代教育理念下高校进行了以选课制、学分制、弹性学制为核心的教学管理改革运动。选课制是学生在一定的规则范围内，自主选择所修的课程。学分制与学年制相对应，以学分考核学生的学业完成情况，用规定的毕业最低总学分来衡量学生的学习量和毕业标准。弹性学制是学分制的另类发展和表现，指学生可以根据自身的条件和特点来安排学习，其最大特点是学习时间的伸缩性、学习过程的实践性以及学习内容和学习方式的选择性。这些教学管理改革运动在一定程度上配合了现代教育理念下高校教学管理信息化建设的需求。

21 世纪对创新型人才的需求。21 世纪是知识经济的时代，是全球政治经济一体化、文化多元化的时代，社会、科技和经济等各方面的发展对人才的培养提出了更高的要求。创新能力越来越成为各国衡量人才的首要和关键标准，高素质的创新型人才成为推动社会各领域飞速发展最重要的推动力，能够有效地推进创新型组织及创新型国家的建设。自1995 年我国提出科教兴国战略以来，创新人才培养成为国家人才战略的核心，而实施科教兴国和人才强国战略，就必须加强科技创新和教育创新，在社会的各个领域培养出具有国际竞争力的创新型人才已成为我国教育事业的首要目标。据清华大学教育研究院 2012年 5 月发布的一份"以学习者为中心"的研究报告称，和美国的研究型大学相比，我国的985 现代教育理念下高校在激发学生自主学习的愿望与能力、提供创新性学习方面表现不佳，"填鸭式教育"在我国现代教育理念下高校仍未得到根本性改变。因此，在现代教育理念下高校建立创新型人才的教学培养模式是我国目前亟待解决的问题。现代教育理念下高校要顺应 21 世纪教育创新发展的需要，实行高效以及操作性强的教学管理新模式，注重对学生创新能力和综合素质的培养，充分运用信息技术手段进行教学管理，提高教学管理效率，实施个性化教育，培养创新型人才。

二、现代教育理念下高校网络教学管理信息化建设存在的问题

在当今的网络时代，虽然现代教育理念下高校教学管理信息化在我国越来越受到重视，但在大多数现代教育理念下高校还处于起步阶段，发展不完善，在资金、人员、教学管理软件以及教学评价标准等方面还存在很多问题。

资金投入不足。教学管理信息化需要有完备的教学设施。虽然高等教育信息化建设的重要性越来越受到各现代教育理念下高校领导的普遍认可，但是资金投入不足仍是制约现代教育理念下高校信息化发展的因素之一。究其原因，一是现代教育理念下高校扩大招生

规模，高等教育日益大众化，单一的国家财政拨款远不能满足现代教育理念下高校发展的需要，教学管理信息化建设上的投入也就相对不足；二是近年来各现代教育理念下高校都在加速建设的步伐，将主要经费投入到校园建设、人才培养、教学项目等方面，忽视了教学管理信息化建设；三是教学管理信息化建设中所运用到的多媒体及网络技术的购买和维护成本较高，资金投入总量较大。此外，我国区域间经济实力发展的差异，导致不同地区的现代教育理念下高校教学管理信息化发展水平极不平衡，那些经济发展水平较高、经费投入多的现代教育理念下高校，教学管理的信息化程度较高，建立起了完善的电子教务管理系统。而一些地方性院校、中西部现代教育理念下高校，由于经费投入不足，教学管理信息化的进程严重滞后，有些地区甚至缺乏基本的网络教学设备。

相关技术人员队伍建设滞后。现代教育理念下高校教学管理信息化的建设过程离不开高素质的专职技术人员的支持，主要表现在教学硬件的维护以及教学软件的研发等方面。然而，高素质的专门技术支持人才的匮乏成为制约我国现代教育理念下高校教学信息化发展的又一障碍。在实际工作中，由于受人员编制、资金投入等因素的影响，在职位设置上，各现代教育理念下高校普遍没有专门的技术支持人员岗位，导致信息化的教学设备维护的技术水平较低，教学管理系统的稳定性和安全性得不到保障；在具体教学过程中，经常出现教学设备突发故障时没有专门的技术人员及时进行维护的情况，导致正常的教学活动受到影响；在教学管理软件的研发上，许多现代教育理念下高校由于自身专门的技术支持人员的缺乏，往往单纯依赖外部专业的程序开发人员来规划和设计教学软件和系统，导致设计出来的软件和系统出现功能与实际不符或者操作不便等诸多问题。要引起关注的是，教学管理的实践证明，高等教育信息化的建设速度越快，技术支持的问题就越突出。

教学管理人员是现代教育理念下高校教学管理工作的组织者和实施者，在具体教学活动中起着至关重要的作用，直接影响着教学任务的完成。如今信息化的教学管理环境对教学管理队伍的综合素质提出了更高的要求，信息技术素养越来越受到重视。但是，在对教学管理人员进行招聘时对其素质要求不高，录用后又忽视对他们进行系统性的培训，加之他们自身传统教学观念的落后，导致现代教育理念下高校教学管理人员的信息技术素养普遍偏低，不熟悉计算机和多媒体技术的操作，不善于使用网络技术、计算机、互联网等现代信息技术手段去获取、分析、反馈信息以及处理繁杂的日常事务性工作，缺乏学习和应用新技术的积极性和主动性，工作效率低，这些都制约了现代教育理念下高校教学管理信息化建设的进一步发展。

缺乏完善的教学管理软件。目前，我国很多现代教育理念下高校学籍管理、考务管理、教材管理等信息管理软件已经在实践中得到了应用，在成绩、选课、学生基本信息管理等方面发挥了一定的作用，大大提高了现代教育理念下高校教学管理的效率。但是这些软件大都属于教学管理信息系统的某一局部应用，其开发时间、使用要求以及应用水平都呈现出不均衡性。此外，这些教学管理软件大多是各个现代教育理念下高校委托专门的技术公司研制或是自行研制开发的，缺乏信息化平台建设统筹规划性。在信息化建设过程中忽视了教学管理信息化的核心地位，数据共享和传递困难，难以实现资源统一管理的目的。

缺乏支持教学管理信息化的评价标准。随着学生对网上教学平台和电子课件利用率的提高，自助式教学在我国很多现代教育理念下高校越来越受到热捧。然而，支持高等教育信息化的教学评价标准尚不成熟，自助式教学的效果如何检验、教师网上答疑和多媒体课件制作如何计算工作量等这一系列问题不断涌现，亟须解决。众所周知，教师在教学过程中用信息技术要花费教师更多的时间，会成倍地增加教学工作量，提高课堂效率，但很多现代教育理念下高校的人事考核还没有对这种额外劳动进行科学的评价和物质奖励，这会大大影响教师运用信息技术进行教学的积极性和主动性。此外，信息技术与教学的结合涉及教学模式的改变和学生学习效果的评价，这种教学评价工作的执行也需要以统一的标准为参考依据。

三、现代教育理念下高校教学管理信息化建设的新路径

网络时代，现代教育理念下高校教学管理信息化在高等教育改革和发展中起着越来越重要的作用，为了进一步提升高等教学管理的科学化和现代化水平，各现代教育理念下高校要在电子教务管理系统、管理人员信息素养、筹资渠道、教学管理软件、教学评价机制、可持续发展等方面积极探索教学管理信息化建设的新路径。

建立信息化电子教务管理系统。现代教育理念下高校要根据自身的实际情况，利用现代信息技术，建立以信息化为平台支撑、完整统一和技术先进的电子教务管理系统，实行以信息化为平台支撑的教学管理改革，实现智能性、互动性、个性化的教学管理。建立信息化的电子教务管理系统，现代教育理念下高校要从以下具体方面着手：一是建立完备、可靠的教学信息处理系统，在各教务管理部门间实现统一的信息浏览、成绩管理，通过对学生基本信息的高速共享，促进教学管理部门之间的高效协作；二是建立集教务工作自动化和信息化为一体的先进的电脑网络系统，通过电子化、无纸化、信息化，实现教学管理的规范化，提高教学管理效率；三是随着教育资源管理系统、课程管理系统、课程制作系统、智能答疑系统、作业与考试系统等的相继出现，推行以选课制、学分制、弹性学制为核心的教学管理改革运动，实现个性化教育和创新人才培养。此外，现代教育理念下高校要利用网络技术，发挥互联网的优势，建立教育资源库和校园门户网站，为学生和教师提供方便的网上教学平台，为师生构建网上协作学习的良好环境。

提高教学管理人员的信息技术素养。现代教育理念下高校教学管理信息化建设对教学管理队伍的综合素质提出了更高的要求。提高教学管理人员的信息技术素养和信息管理能力是实现教学管理信息化的关键。首先，在新任教学管理人员的招录上要针对信息技术素养设定一定的录用标准，通过现代化信息教学设备的实际演练和操作进行能力考核，择优录取。其次，要对新任教学管理人员进行信息技术培训，根据岗位特点，有针对性地加强信息管理知识的培训，提高计算机、网络技术和多媒体技术的应用水平，扫清技术和操作

上的障碍。最后，对在职的教学管理人员进行年度性的信息素质考核，通过制定有效的惩罚和奖励机制，促使教学管理人员主动适应信息化社会发展的需要，不断提高自身的综合素质，不断积累计算机、网络、多媒体技术等方面的知识，更新和拓宽自己的技能领域，熟练驾驭现代信息教学技术。通过这三个途径最终要打造一支具有教学管理经验和创新能力，能熟练应用基于网络技术的教学管理信息系统的高素质的教学管理队伍。

多渠道多元化筹措资金。长期以来，我国现代教育理念下高校形成了以财政拨款为主要经费来源的筹资格局，虽然自20世纪80年代以来国家财政和各级地方财政对教育经费拨款逐年增加，但是由于高等教育规模的不断扩大以及物价指数的飞涨，单一的国家投入远不能满足现代教育理念下高校发展的需要。因此，要借鉴发达国家现代教育理念下高校教学管理信息化的经验，结合市场经济的发展特点，通过广泛的社会服务和参与，形成以国拨经费为核心，多渠道多元化的筹资体制，充分发挥中央政府、地方政府以及现代教育理念下高校在教学管理信息化建设中的集资作用。中央和地方政府除了每年向现代教育理念下高校提供固定的财政补助外，要通过制定相关税收优惠政策，鼓励和支持各种社会团体、企业和个人参与到现代教育理念下高校信息化建设中，通过引进技术和资金，更新落后的教学管理硬件配套设施，建设性能优异的电子教务管理系统。现代教育理念下高校要结合自身的实际情况通过各种合法手段获取办学经费。

开发优质的教学管理软件。优质的教学管理软件是实现教学管理信息化的重要条件。目前，我国不少现代教育理念下高校都是委托校外某个公司或机构来完成教学管理信息软件和系统的程序设计与开发，而学校教务管理部门本身并不参与或很少参与这个过程中，导致开发出来的教学管理软件和系统在实际应用中存在很大的局限性。因此，各级教育主管部门、各现代教育理念下高校要组织本校那些既懂现代信息技术又懂教学管理的人员共同开发研制质量高、适用性强的教学管理软件，而教务处的系统规划者也必须全程参与到开发过程中。在具体的开发过程中，要采用国家标准和教育部对教育信息化管理的规范，充分考虑上级教育主管部门对学校和下级管理部门的要求，实现数据的完全共享，提供完整的信息指标体系，使其内容能够满足各种类型现代教育理念下高校的需求。

建立教学管理信息化的评价机制。科学的教学管理信息化评价和激励机制可以有效地促进教学工作水平和教学质量的提高。为了有效促进现代教育理念下高校教学管理信息化建设的发展，各现代教育理念下高校要根据不同层次和类型的教学工作要求，制定科学合理的评估指标体系，采取切实可行的评估方法，对各层次和类型的教学管理工作进行科学客观地评估，为今后改进教学管理工作提供科学的依据。此外，要建立支持教学管理信息化的教学评价标准，对教师因运用信息化技术进行教学而增加的额外工作量进行合理评估，并建立与之相对应的物质奖励机制或课时抵用的合理计算方法，从而提高教师进行信息化教学的积极性。对信息技术与教学的结合而产生的教学模式和学生学习效果的改变也要建立一套合理的评估体系，支持现代教育理念下高校教学管理信息化建设的进一步发展。

促进教学管理信息化建设的可持续发展。现代教育理念下高校教学管理信息化建设是一个长期曲折的过程，要努力使其实现可持续发展。具体要做到以下几个方面：一是实施教学管理信息化的全面、协调发展。教学管理信息化的实施不仅要体现对学校教学工作的重要支持，还要体现对科研、行政管理和社会服务的支持，要让教学管理信息化带动现代教育理念下高校整体信息化的协调发展。二是对教学资源进行优化配置、合理利用与保护。教学管理信息化系统是一个较为复杂庞大的管理系统，包括硬件设备、应用软件以及管理人员等各种资源，在具体的教学管理工作中，要对这些资源进行优化利用和配置，同时也要做好这些资源的维持和保护工作，发挥它们的长期效用。三是加强各级教学管理人员的信息技术能力建设，通过不断提高教学管理人员的信息技术素养，不断深化现代教育理念下高校教学管理信息化进程。

总之，现代教育理念下高校教学管理的信息化建设是当今高等教育发展的大势所趋，也是适应当今网络时代对创新人才培养的要求，各现代教育理念下高校要充分利用现代信息技术，探索新的教学管理模式，促进现代教育理念下高校教学管理信息化建设的发展，进一步提高教学管理的科学化和现代化水平。

第四节　现代教育理念下高校教学管理创新发展探索

现代教育理念下高校教学管理创新发展是时代变革发展的必然趋势。现代教育理念下高校教学管理现状主要表现在教学管理工作认识程度不够及教学管理数字化程度相对薄弱。建立"以人为本"的现代教育理念下高校教学管理理念；构建现代教育理念下高校教学管理网络信息化运行机制；开展"精细化"现代教育理念下高校教学管理模式是现代教育理念下高校教学管理创新发展的有效途径。

改革开放四十年，随着我国科教兴国战略的推进实施，高等教育事业实现深刻变革与巨大发展。适应时代发展需要，是我国高等教育改革与发展的基本目标与要求。现代教育理念下高校规模从 1978 年的 598 所发展到 2017 年的 2914 所，现代教育理念下高校招生人数也从原来的 40.1 万人扩大到当前的 700 万人。我国的高等教育已经进入普及化阶段。习近平总书记在党的十九大报告中明确提出："要加快一流大学和一流学科建设，实现高等教育内涵式发展。"现代教育理念下高校教学管理工作是现代教育理念下高校管理工作的核心内容，是现代教育理念下高校培养高质量人才服务社会的重要保障。根据现阶段我国高等教育发展的实际情况和发展特点，国家教育相关管理部门对现代教育理念下高校的教育管理已经提出了新要求，尽管我国高等教育发展过程中对教学管理做出了相应的改革，但在应对新形势下的现代教育理念下高校教育教学中面临的问题还是存在着部分限制解决因素，在一定程度上严重影响了教学质量的提高。因此，通过改革创新教学管理模式是我国高等教育适应时代发展的现实要求。

一、现代教育理念下高校教学管理创新发展的必要性

（一）是时代变革发展的必然趋势

步入21世纪后，社会改革发展使得社会政治、经济、文化及教育等方面都发生了巨大变化。现代教育理念下高校作为社会发展输送人才的主要阵地，根据时代变革特点打破原有的教育管理模式，提升教育质量是现代教育理念下高校教学管理创新发展的基本原则。相关资料数据统计，与改革开放初期我国专业教师人数20.6万人相比，截止到2017年我国的现代教育理念下高校专业教师的数量已经达到163.32万人，师资数量及结构发了巨大变革，中青年教师及青年教师成为师资结构的主要组成部分。随着时代的变革发展，如此庞大的教师队伍是现代教育理念下高校教学管理进行创新改革的所要考虑的重要层面。2016年6月，教育部下发了《教育部关于中央部门所属现代教育理念下高校深化教育教学改革的指导意见》明确指出，提高人才培养质量是高等教育的核心任务，深化教育教学改革是新时期高等教育发展的强大动力。当前，在现代教育理念下高校教学管理中要深入推进信息技术与教育教学管理深度融合是时代变革中教学管理创新发展的必然趋势。

（二）互联网技术普及应用为现代教育理念下高校教学管理提供新契机

随着互联网信息技术的不断发展，当前社会已经进入"信息时代"，互联网的普及已经成为社会发展的趋势并逐步应用于各领域。2015年7月，国家下发的《国务院关于积极推进"互联网+"行动的指导意见》指出："要充分发挥互联网的高效、便捷优势，提高资源利用效率，加快发展基于互联网的教育等新兴服务。"因此，建设以互联网应用为基础的网络信息化管理是现代教育理念下高校教学管理改革的重要途径。互联网技术的应用使得在管理方面更为精准化、人性化及集约化，现代教育理念下高校在教学管理中运用互联网进行多种信息传播将更为技术化，同时在操作过程中精准程度将大幅度提高。同时，在劳动强度方面可以极大地减少工作人员的工作量，提高日常教学管理的工作效率。现代教育理念下高校通过互联网技术与现代教育理念下高校管理服务体系的深度结合，利用互联网带来的公共数据资源的开放获取优势，可以形成在线"一体化"公共服务体系，将服务资源进行有效整合，实现数字化及智能化的现代教育理念下高校教学管理服务模式。

二、现代教育理念下高校教学管理创新发展的有效途径

（一）建立"以人为本"的现代教育理念下高校教学管理理念

"以人为本"是科学发展观的核心，体现了全心全意为人民服务的根本宗旨。现代教育理念下高校教学管理的本质就是在教师从事教育教学过程中尽可能的进行辅助服务，"以人为本"的现代教学管理新理念其核心就是围绕教师和学生通过使用科学的管理模式对学生及老师开展教学管理工作，与传统的管理模式相比弱化了以理性为中心开展管理工作，

是当前现代教育理念下高校教学管理改革发展的必然趋势。一方面，现代教育理念下高校管理人员通过加强自我服务意识的提升，对学生及专业教师的个性化需求给予最大化的满足，在教学、科研及服务管理过程中做到规范管理、人性管理和民主管理，切实做到以人为本，突出人性化的教育管理理念。另一方面，要重视学生的地位。学生是现代教育理念下高校教学管理内容的重要组成部分，通过发挥学生的主观能动性可以激发学生的学习兴趣，进而提高教师的教学效果，达到人才培养的最终目的。

（二）构建现代教育理念下高校教学管理网络信息化运行机制

"互联网＋"与现代教育理念下高校教学管理工作的紧密融合使得信息资源高度共享得以实现。现代教育理念下高校网络信息化运行是提供服务于学生及教师办理日常事务的最简化途径。应用教学管理信息化系统是现代教育理念下高校进行网络化办公的主要方式。提高现代教育理念下高校教师及学生对教学管理信息化系统的使用效率是构建现代教育理念下高校教学管理网络信息化运行机制的根本目的。积极引导现代教育理念下高校学生正确、快速地使用现代教育理念下高校教学管理系统，减少现场办公环节，可以对提高现代教育理念下高校教学管理工作的效率起着正面和积极的作用。同时，在完善教学评价过程中，网络信息化提供的大数据可以及时分析教学过程中发现的各类问题，教师通过数据分析结果及时调整教学内容，最终会促进整体教学效果的提高。现代教育理念下高校教学管理在大数据的支撑下可以从宏观向微观转变，对群体的分析与观察逐步转向个体，在分析具体学生的反馈数据基础上进行实时跟踪，以实现现代教育理念下高校教学管理质量的显著提升。

（三）开展"精细化"现代教育理念下高校教学管理模式

"精细化"管理模主要是通过细化分工实现最佳管理效果的一种职责明确化方式。在现代教育理念下高校的教学管理中，开展"精细化"教学管理是现代教育理念下高校教学管理创新发展的有效途径。现代教育理念下高校的"精细化"管理模式主要是通过对正常运行的教学管理的各个主要环节进行合理策划、精心组织，紧扣管理中的实际情况依据以人为本的主要原则加大管理力度，实现教学管理从量的改变到质的提升。一方面，通过"精细化"管理加强现代教育理念下高校管理工作人员的素质提升。制定精细化的教学管理工作人员素质提升计划对其展开培训。利用聘请专家进行专业化讲座及参观培训的方式，对精细化管理相关实践技能开展有效学习，逐步掌握流程化的管理技巧。另一方面，要构建精细化考核监控体系。通过精细化的管理考核体系可以激发现代教育理念下高校管理工作者的工作情绪，调动其积极性和主动性，同时不断完善的奖惩机制过程中，激励教学管理人员不断改革创新。

第五节　大数据背景下现代教育理念下高校教学管理创新

在互联网技术的迅速发展及影响下，我国已经进入了大数据时代，大数据的信息使人们的生活、工作、学习得以全新的改变，同时也受到了教育管理者的推崇与使用，其中现代教育理念下高校的教学管理工作也在适应着时代的发展需求，不但摒弃了以往落后陈旧的教学管理方式，而且充分利用大数据信息对教学管理模式进行了创新改革。目前将大数据的信息与现代教育理念下高校对于学生的管理模式进行有机结合，不仅能彻底摆脱低效落后的管理手段，也能够大大提高现代教育理念下高校对于学生开展管理与服务的工作效率。但是在大数据背景之下现代教育理念下高校教学管理工作中依然存在着很多问题，如何高效解决这些问题且采取相关策略去推进现代教育理念下高校管理工作的顺利开展是我们十分值得探究的。

现代教育理念下高校是学生接受教学培育以及日常生活的主要阵地，因而需要制定针对有效的教学管理制度，并且要通过充分运用教学教育的管理手段，才能高效实现对于学生的教学管理目标。大数据的普及运用，给教育行业也带来了新生，很多现代教育理念下高校慢慢脱离了过去传统陈旧的教学管理模式，同时为了适应大数据的时代发展趋势及当前的教学管理实际需求，现代教育理念下高校对于教学管理工作也实施了一场创新改革，取得了很明显的效果，但是由于经验不足，导致在有些方面还尚且有不足之处，如何更好地将大数据信息技术与现代教育理念下高校教学工作进行更好的结合，是现代教育理念下高校当前面临的挑战。

一、大数据技术的概念内容

大数据技术就是涵盖海量数据的整合，指的是无法在一定的范围与有限时间内开展信息内容的收集与高效管理的数据形式。通过整合与处理海量的大数据信息资源，能够对企业事业单位的相关工作进行相对应的决策指导，优化大量信息数据的管理过程，且推进不同种类无形资产的快速增长。大数据技术的运用，最终目标并不是搜集大量的数据信息，而是处理巨大的数据资源，通俗来说，就是整合使用多个数据信息库，再对数据库中覆盖的大量信息资源进行"加工"，能够在原来的基础之上促使数据信息价值的增值。

二、大数据背景下现代教育理念下高校教学管理中存在的问题

现代教育理念下高校教学管理工作中收集与整合数据缺少明确的目标。当前很多现代教育理念下高校运用的大数据技术，依然处在我国信息化建设工作的起始阶段，大数据在现代教育理念下高校教学管理中的使用方向相对较少，并且缺少清晰明确的工作目标。现

代教育理念下高校的相关管理部门对于学生数据的收集，没有去按照日常学习与活动的数据要求进行对数据的收集、整合与储存。而是在对现代教育理念下高校学生的所有信息开展收集管理，包含图书借阅、课外活动、课堂学习、兴趣爱好等信息，这就致使现代教育理念下高校对于学生的数据信息管理缺少规范、科学、明确的实行目标，搜集到的学生数据信息也是杂乱不齐，其中也有很多数据信息根本没有什么存储价值，可是重要的学生数据信息又会出现漏采及没有记录的情况发生，这样就会造成现代教育理念下高校的教学管理工作出现失误和偏差的现象。

现代教育理念下高校的数据化教学管理与实际人才的需求存在脱节的现象。在大数据时代现代教育理念下高校获取及存储的信息数据，基本都是将不同种类的信息数据区分开来再储存到不同的数据管理库。所以在现代教育理念下高校不同的数据管理库存在着差异化的信息数据，各种各样的教学资源信息如孤岛效应一般的存在着。很多现代教育理念下高校数据信息库之间没有建立内部联系，导致无法共享资源信息，同时社会与现代教育理念下高校之间也缺少直接的数据交流途径。在各种数据资源独立与不相连的情形下，现代教育理念下高校的教学管理能力自然就会大大降低，并且现代教育理念下高校对于学生进行的一系列教学活动也无法满足社会、企业对于人才的实际需求。因此，当下现代教育理念下高校的教学管理数据库建设，依然还处于利用信息数据的过渡时期，挖掘和分析的数据信息内容不够全面化、统一化，数据信息资源对指导现代教育理念下高校开展教学活动也起不到突出的作用。

三、大数据背景之下现代教育理念下高校教学管理的创新策略

加强现代教育理念下高校教学应用数据信息技术的管理意识。当前大数据不但是现代教育理念下高校教学管理的无形资源，也是现代教育理念下高校不同部门进行教学管理决策的关键性依据。目前很多的现代教育理念下高校教学管理部门，还有老师对于学生的数据学习缺少敏感性，在运用多种信息数据对学生进行管理的效果很不理想，根本实现不了专业化、精准化的教学管理。因此，从大数据信息技术的分析和研究的教学角度出发，现代教育理念下高校教学管理的相关部门工作人员要加强自身数据化管理的工作意识，创建对学生进行教学引导的信息化平台，对现代教育理念下高校的各种数据资源信息进行统一整合，深度挖掘出与学生心理教育及课程教学有关的数据信息内容，以此来真正实现大数据对现代教育理念下高校教学管理的有效服务。

创建数据信息的统一管理标准，来实现共享数据。构建统一的现代教育理念下高校教学信息管理的相关标准，能够大大减少采集信息时出现过多无用的数据，从而有助于充分保障收集、储存及利用有用的数据信息，同时也能减少工作量，提升管理效率。另外，各个现代教育理念下高校建立统一数据收集与管理的相关标准，能够使不同的云端存储平台形成有机的衔接，且能通过互联网平台去共享和交流各种数据信息资源。现代教育理念下

高校可以利用服务器和数据库等相关硬件设备，通过互联网平台共享互通学生的数据信息资料，同时再筛选出有用的信息进行深度的挖掘。例如，现代教育理念下高校的相关的管理部门可以将学生的考试成绩、得奖情况、挂科情况、参加社会实践活动、课堂表现等信息进行统一整合，然后在学期末尾根据这些信息对学生进行综合性考核，给予相关的奖励与惩罚，如对于表现好的学生发放奖学金、发放优秀学生的荣誉证书、保研等，而对于表现差的学生可以实行记过，甚至留级的对应惩罚。

第六节　慕课背景下的现代教育理念下高校教学管理创新

在高等教育信息化背景下，慕课浪潮席卷全球，对现代教育理念下高校的教学管理提出了挑战。本节分析了慕课对现代教育理念下高校的教育生态、教学理念、教学管理制度、科层管理模式、基于专业的教学管理范式、传统的教学模式等方面的挑战。探索了慕课背景下，应对这些挑战的现代教育理念下高校教学管理创新策略：积极推进慕课本土化，优化师资队伍，更新教学理念，建立新型的教学团队，建立、完善慕课发展的规范与标准，由科层管理转向共同治理，建立"课程管理"的教学管理范式，创新混合式教学模式。

一、研究背景

现代教育理念下高校教学管理，是现代教育理念下高校教学行政人员为完成教学任务，提高教学质量，运用一定原理和方法，通过一系列特有的管理行为，组织协调和指挥、控制教学工作，以实现教学目标的过程。教学工作是学校的中心工作，而教学管理是教学工作正常运行的基础，科学合理的教学管理是提高教学质量的保障，并能够促进教师不断发展提高，直接影响着学校的人才培养质量和育人目标的实现。现代教育理念下高校教学管理，主要内容有教学计划管理、教学质量管理、教学运行管理、教学评价，以及课程管理、教材管理、专业管理、教师管理、学生管理、教学管理制度等。

《国家中长期教育改革和发展规划纲要（2010—2020 年）》明确提出，要加快教育信息化进程，信息技术对于教育发展具有重要影响，要促进教学内容、教学手段和教学方法的现代化。应充分利用优质资源、先进技术，创新运行机制与管理模式，优化整合现有资源，构建先进、高效、实用的数字化教育基础设施。高等学校要利用信息技术创新教学管理方式，将教学管理与信息技术相融合，提高教学管理的水平，从而提高教学管理质量。

慕课（简称 MOOC，是英文 Massive Open Online Course 的缩写），又称大规模开放在线课程，是一种基于计算机技术和互联网应用，通过网络平台，把课程的教学录像、课程简介、教学大纲、参考资料、作业、重点难点指导等教学活动必须的资源全部上网，学习者通过在线学习和互动交流，达到获取知识和技能的教学活动。慕课这种大规模的在线课程掀起的风暴开始于 2011 年，美国《纽约时报》将 2012 年称为"慕课元年"。随着美国 Udacity、Coursera 和 edX 三大慕课平台的相继组建和更多课程的在线发布，慕课的发展态势呈现"井喷式"，2014 年 5 月，"爱课程"网的"中国大学 MOOC"正式上线，我国高等教育开始进入慕课时代。慕课的规模庞大，资源丰富，由很多国家的著名现代教育理念下高校提供，发布慕课的教师多为业内权威教师，教学经验丰富，课程门类众多，内容精致，参与慕课的学生规模庞大，来自世界各地的成千上万名学习者可以在线学习，互动交流。慕课将课程资源发布在网络上，学习者根据自己的喜好和需要，选择适合的课程。课程内容公开透明，形式多样，时间和地点不受限制，学习者的身份和人数也无要求，因此，学习者只要有时间，人人都可以自由学习。慕课实现了以学习者为中心的学习方式。教育的作用体现在教师的教是为了学生更好地学，慕课真正还原了学的本质，体现了师生互动、生生交流，重视学生的学习体验，对知识的认识和理解在互动交流的过程中逐步加深。慕课是基于互联网平台，没有了师生之间的面对面交谈，更多的是人机对话，缺少监督和约束机制。难以保证是学习者本人在学习，作业是否抄袭，学业水平的真实性无法考证。因此，慕课对学习者的自主性和自我约束力提出了更高的要求。慕课在很大程度上促进了信息技术与教育的融合，加快了教育信息化进程，并为跨国界校际交流与合作提供了桥梁与纽带，推动了全球优质教育的资源共享，有利于促进教育公平，养成终身学习的理念。

二、慕课背景下现代教育理念下高校教学管理面临的问题和挑战

慕课的出现对我国的高等教育带来了重要的机遇：慕课不仅是对教育技术的革新，更重要的是对传统的课堂教学模式的颠覆，慕课的兴起必然会带来教育体制、教育观念、教学模式、人才培养等方面的深刻变化。这些变化又会给教学管理带来一系列问题和矛盾，成为现代教育理念下高校教学管理面临的新问题、新挑战。

（一）慕课对现代教育理念下高校的教育生态提出了挑战

慕课的出现对现有的高等教育生态带来了冲击，现代教育理念下高校将面临全球化竞争的压力。任何人在任何地方只要通过网络就可以在线学习，与名校名师交流，教育生态向开放转型，高等教育的大众化、普及化是大势所趋。慕课的机会均等，促进了教育公平，也改变了现代教育理念下高校的竞争模式，现代教育理念下高校面临前所未有的压力。慕课带来了教育成本的降低，对现代教育理念下高校的管理体制也带来了挑战。慕课可以免费学习，如果要得到学分或证书，只需缴纳少量费用，相对而言，高等学校的学生学习成本要高得多，每年数千数万元的学费以及同质化的课堂教学模式已引起了对现代教育理念下高校教育教学改革的思考。慕课打破了现代教育理念下高校的围墙，也打破了世界范围内的国界限制，现代教育理念下高校面临全球化的竞争。一些名校或具有优势资源的学校，通过慕课，可以扩大知名度和社会影响力，在竞争中占有绝对优势，而生源和师资力量相对薄弱的应用型现代教育理念下高校，在竞争中明显处于劣势。

（二）慕课对现代教育理念下高校的教学理念提出了挑战

目前我国的现代教育理念下高校普遍存在重科研轻教学的传统，评价一所大学的优劣也往往以科研指标来衡量，教师在职称评审和待遇方面也和科研直接挂钩。因此，大部分教师将主要精力用在项目申报和发表论文上，无暇顾及教学的好坏。教师对学生的学习关注不够，教学方式单一，教学效果很难得到提高。慕课作为一种全新的教学模式，对现代教育理念下高校教师的教学计划、课程设计、教学大纲、教学内容、教学投入提出了更高的要求，对学生的主动性、积极性、参与性，对教学管理的科学性、规范性、先进性等都提出了更高更严格的要求。来自国内外名校名师的慕课，无疑会对学生有着更高的吸引力，这对一些师资力量相对薄弱的一般现代教育理念下高校和教师必将带来巨大的压力和冲击。因此，现代教育理念下高校教师和管理者必须改变重科研轻教学的理念，把教学工作作为现代教育理念下高校的中心工作，树立以学生为中心的教学理念，提高教学水平和人才培养质量。

（三）慕课对现代教育理念下高校的教学管理制度提出了挑战

现代教育理念下高校的教学管理制度是高等学校对教学工作有效管理、对师生员工的行为规范进行约束引导，从而实现现代教育理念下高校教学目标和人才培养目标的重要保障。教学管理制度在现代教育理念下高校中具有约束、激励和导向功能。慕课的到来，对高等学校的管理者来说，还是一个新鲜事物，在慕课建设与推广过程中会出现新的问题和矛盾，传统的教学管理制度已不适应慕课背景下的教学管理，需要相应的教学管理规章制度来实现慕课的顺利开展。如何制定慕课课程的认证标准，如何引导教师积极参与慕课建设，如何计算慕课的学分，如何共享慕课的优质资源，如何改革慕课背景下的教学管理方式，如何评价慕课的教学质量，如何调动学生的学习积极性阻止学生的抄袭与作弊，如何建设本土化慕课课程，如何计算慕课的教学工作量等等，这些都对传统的教学管理制度提出了挑战。

（四）慕课对现代教育理念下高校传统的科层管理模式提出了挑战

传统的教学管理是建立在科层制管理基础上的。科层管理强调的是程序化系统化的方法，在严密设计的各种组织中有很多规定好的程序，通过成员执行规定的程序完成任务。科层管理追求效率和逻辑，以自上而下的管理作为运行机制，关注的是控制而不是理解，强烈的科层制导致的是从属而不是创新。科层制管理下容易形成管理主义意识和控制情结。因此，科层制的教学管理模式与慕课背景下的教学管理模式有着严重冲突，慕课突破了跨国界的校际界限，对封闭式的科层制教学管理提出了挑战。

（五）慕课对现代教育理念下高校基于"专业"的教学管理范式提出了挑战

现代教育理念下高校传统的教学管理范式是"专业管理"，这种管理的结果就是现代教育理念下高校的教育资源被一个个专业分割，课程资源在同一学校甚至同一学院内都不能共享。在专业管理方式下，以固定的课程组成明确口径的专业，形成一种固定的批量人才培养模式，这是与计划经济体制相适应的专业管理的范式，导致各个专业的教学资源只为本专业服务，不能有效共享，学生被限制在一个固定的专业领域，转专业非常困难，不利于培养社会需要的复合型人才。在教育信息化和慕课的背景下，大量优质的课程资源在全球范围内共享，促进了学习方式和教学方式的改革，各个现代教育理念下高校希望通过慕课平台来提高自己的影响力和知名度。基于专业的教学管理范式已不能适应慕课背景下的教学管理，现代教育理念下高校需要构建适应慕课发展的课程管理方式，适应复合型和多元化人才的培养。

（六）慕课对传统的教学模式提出了挑战

当前的教学模式反映的是工业革命时期的特点，为了提高标准化教学的效率，在生产流水线上使学生接受教育，教师在台上讲，学生在下面听。在这种传统的课堂教学模式下，所有的学生接受同样的教育。其缺点在于，学生的认识、能力、水平各有差异，有的学生学得快，有的学生学得慢，教师对一个概念解释几遍后，许多学生已经掌握，但有的学生还是不能掌握，当教师在课堂上不断重复地解释一个概念时，他们会感到厌烦。因此，慕课的到来对传统的教学模式带来了冲击，但是并不意味着慕课完全代替传统的课堂教学，慕课本身也有许多不足，只能作为传统课堂的补充。传统的课堂教学在创新思维、创新能力、批判思维、团队合作精神和意识、人文素养等方面具有慕课不可相比的优势。因此，如何实现慕课与传统课堂教学的无缝对接对现代教育理念下高校的教学管理提出了挑战。

三、慕课背景下高校教学管理的创新策略

（一）积极推进慕课本土化，将在线教育纳入现代教育理念下高校发展战略

在教育信息化的环境下，在线教育已经成为教育国际化的重要途径。高等学校要从战略上重视在线教育，纳入到学校长远发展的规划，抓住信息技术高速发展的机遇，以慕课为契机，大力发展在线教育。首先，借鉴国外先进的慕课经验，建立自己的慕课，推进慕课本土化。现代教育理念下高校内部，制定相关政策，鼓励教师进行慕课建设，对教师开展培训，推动在线教育平台建设，为慕课建设提供技术支持，在本校慕课建设能力不足的情况下，可以结合学校和专业实际，引进适合自己学校人才培养目标的优质慕课。现代教育理念下高校积极创造条件，和其他现代教育理念下高校联盟，合作共建慕课平台，共享优质现代教育理念下高校教育资源，建立区域性的现代教育理念下高校联盟。目前现代教育理念下高校区域联盟有上海交大等 C9 现代教育理念下高校和一些 985 现代教育理念下高校组建的"中国慕课联盟"等。建立现代教育理念下高校慕课联盟，有利于制定统一的慕课标准和共享机制，缩小校际的教育资源的差距，有助于推进教育国际化，提高教育质量。

（二）优化师资队伍，更新教学理念，建立新型的教学团队

信息技术的高速发展给现代教育理念下高校教师带来了严峻的挑战，同时，也带来了难得的发展机遇。现代教育理念下高校应加强教师队伍建设，采取各种措施，更新教学理念，对于在慕课建设和教学改革中出现的优秀教学成果，可以在职称评审、岗位聘任时作为重要的依据，引导教师将更多的精力用在教学上。以教学发展为中心，对教师开展培训。一方面，聘请相关专家和技术人员就慕课平台的建设和使用开展专题培训；另一方面，鼓励教师走出去，观摩学习国内外优秀的慕课课程，深入了解慕课，亲身学习完成一门慕课课程。慕课的建设，需要优秀的教学团队合作共建，现代教育理念下高校要加强教学团队建设，推进教师分工和多元化，将教师的个体劳动向团队协作转变。在慕课背景下，教师要对自己的角色与职能进行调整，学生成为教学活动和课堂的中心，教师不再是单独的知识传授者，而是个性化学习的指导者和服务者，教师的职能和角色应朝向多元化专业化方向转变。师资结构要适应慕课的发展，教师的个体角色向"三位一体"的专业化团队角色转变，主讲教师负责慕课视频的制作设计，辅导教师负责慕课的课堂教学活动的答疑讨论，助理教师负责线上的辅导和对数据材料的收集整理。新型的教学团队需要分工合作、各司其职，这样既提高了教学环节的专业化程度，也不会出现因工作量繁重而手忙脚乱的局面。

（三）建立、完善慕课发展的规范与标准，创新教学管理制度

标准化与规范化是慕课在现代教育理念下高校顺利开展的基础与保障，现代教育理念下高校教学管理部门要组织专家，尽快制定慕课环境下的教学管理制度，建立和完善慕课课程教学标准、课程运行标准、学分认证标准、工作量计算标准、教学评价标准、网络技术标准等。在慕课课程建设方面，不仅要重视慕课课程规模，更要重视质量建设，制定严格的课程认证标准，达到标准才能上线，对于上线的课程，要定期评估，对教学评价低、学生完成率低的课程要下线停开。制定适当的激励制度，一方面激励教师积极投入到慕课建设中，另一方面，引导学生适应慕课的教学方式，调动学生学习的积极性，制定学习效果评价标准和学生诚信奖惩制度。通过大数据分析学生的学习过程和学习成绩，提出有针对性的指导和解决方案。可以尝试与学生签订诚信保证书，使学生承诺不在学习与考试中作弊，对于诚实守信的学生给予褒奖，对于违反诚信制度的给予开除学籍等严重处罚。在学分认证和学籍管理方面，现代教育理念下高校要创新管理制度。上海市19所现代教育理念下高校在2014年签订了慕课共享合作协议，学生通过网络选课，现代教育理念下高校之间互认学分，并可以拿到外校的第二专业学位证书。这种学分互认的制度打破了现代教育理念下高校之间的围墙，使得优质教育资源共享，加速了现代教育理念下高校的学分制、学位、学籍管理制度改革。

（四）力争多主体参与，由科层管理转向共同治理

治理强调的是多元主体的共同管理，是一种协作、互动，而不是自上而下的管理。现代教育理念下高校的教学管理不在于控制与约束师生，而是激励与鼓舞师生。树立教学管

理是服务师生的理念，发挥专业权力，发挥教授专家治教的作用，充分体现师生的主体地位，激发和引导师生共同参与到教学管理工作中来。对教师和学生给予决策、建议和监督的权利，发挥教师学生的反馈与评价作用，使教师、学生、教学管理部门之间相互监督、相互制约。要推动慕课的积极开展，仅靠单一的行政力量远远不够，要突破封闭式的管理，让利益相关者成为教学管理的主体，力争多元主体参与，包括校长、院系领导、教师、教学管理部门、学生、家长、社区等，积极创造机会，提高教师的领导能力，充分发挥校院两级教学指导委员会、学术委员会、教学督导委员会的教学管理与监督功能。

（五）建立"课程管理"的教学管理范式

建立新的教学管理方式，使"专业管理"向"课程管理"转变。在"课程管理"范式下，专业是课程的组织形式，教师通过组织课程，确定教学内容，学生通过选择课程，去获取一定的知识能力。现代教育理念下高校应突破传统的"专业"内涵，以劳动力市场为导向，提供与社会需求、个人需求相适应的课程，学生根据自己的意愿选择合适的课程，确定自己的主修专业，从而完成高等教育的学习。"课程管理"的重心在课程，现代教育理念下高校可以建设不同类型、不同层次的教学内容和课程结构，不同的课程组合实现不同的专门化，从而打破专业的固化和静止。在慕课背景下，现代教育理念下高校应该充分利用慕课的优势和特点，积极开发建设本土化的优质慕课。在本校慕课建设能力不足的情况下，根据学校的人才培养方案和培养目标，引进适合本校学生的优质慕课。

（六）试点翻转课堂，创新混合式教学模式

慕课对传统的教学模式影响很大，但是也不能解决所有问题，更不能完全取代课堂教学，将线上教育与线下教育相结合的混合式教学模式成为各大现代教育理念下高校的探索方向。混合式教学模式就是将传统的课堂教学的优势和数字化教学的优势结合起来，这样，既能发挥教师的启发、引导教学过程的主导作用，也能体现学生作为学习主体的主动性、积极性。混合式教学模式下，学生自己安排学习进度，自己决定学习的深度和内容，遇到疑问可以通过线上向老师或者其他学习者求助，也可以通过课堂教学直接向老师求助。教师从重复性的讲课中解放出来，可有更多的时间和学生沟通、交流和互动。而学生从被动接受向主动学习转变，授课模式从传授式学习向探究式学习转变。

"翻转课堂"（flipped classroom）是混合式教学模式的主流形式，指的是把传统的教学模式"课堂教师讲课，课后学生作业"翻转为"课前学生自主学习，课堂教师答疑解惑"。具体的教学流程就是学生在家里通过观看视频自主学习，查找资料完成练习，发现疑难问题，课堂上，学生提出疑难问题，教师组织交流讨论，解决问题。翻转课堂聚焦于每一个需要帮助的学生，让能力各异的学生变得更加优秀，使真正的差异化教学成为可能。学生在观看视频时可以随时暂停，直到学会，不用再为跟不上教学进度而焦虑。翻转课堂使师生之间、学生之间的交流增加了，有助于建立积极互动的学习氛围。

第七节　基于教学学术的现代教育理念下高校教学管理创新

教学学术概念一定程度破解了备受社会诟病的现代教育理念下高校面临的难题，但是在我国现代教育理念下高校，教学学术理念依然缺失、教学管理制度不够完善和灵活。因此，我们要树立教学学术理念，创新教学管理的体制机制，从而给教学应有的位置，使教学质量得到切实提高。

自 20 世纪 90 年代美国卡内基教育基金会主席厄内斯特·博耶(Ernest L.Boyer) 提出"教学学术"的概念以来，在世界范围内掀起了关注教学学术、研究教学学术的热潮，在实践上一定程度地改变了部分现代教育理念下高校忽视教学，或者不重视教学，或者科研冲击教学的做法。然而，尽管有国内学者的呼吁，也有敏锐的现代教育理念下高校管理者的努力，但国内许多现代教育理念下高校重科研、轻教学的倾向依然非常严重。多数教师把大部分时间和精力投入到科学研究中，较少考虑教学和教学学术等，偏离了大学的本真。因此，我们从教学学术的视角对教学管理中教学学术元素的缺失进行探讨，并提出创新教学管理的建议。

一、教学学术的内涵

面对纳税人对大学的不间断地责难，美国卡内基教学促进基金会主席厄内斯特·博耶（Ernest L.Boyer）在二十世纪九十年代发表的《学术水平反思：教授工作的重点领域》报告中提出了教学学术的概念。他认为大学学术包括四个方面：探究的学术、应用的学术、综合的学术和教学的学术。教学学术是关于把知识传授给学生的学术；教学首先是一种学术活动和一个能动过程，是维系老师和学生之间关系的桥梁。在一个好的教学过程中，老师既是知识传授者，也是新知识的学习者，他也很可能在此过程中得到一个创造性的发展。因此把高等学校教学研究纳入学术范畴，成为教学学术是理所应当的。

教学学术概念的提出吸引了众多学者的目光。有的对教学学术做出行为描述，阐述教学学术这一行为的具体特征；有的对教学学术的构成做出分解，阐释教学学术的组合要素；有的对教学学术的概念做出整合，构建教学学术的系统模型。教学学术的概念因为争论而更加清晰，虽然各家仍有差异，但是都一致同意教学学术的共同特征:反思、交流、公开化。

高等学校教学的学术性是由教学的内在本质和特征所决定的。同时，现代教育理念下高校发展的规律决定了教学在大学中也必然享有学术地位。高等学校教学的学术性决定了教学管理必须立足于教学，从理念到制度，从领导到普通管理人员的中心应该是教学。然而，现实并非尽如理想。

二、现代教育理念下高校教学管理中教学学术缺失的现状

在当前许多现代教育理念下高校教学管理中不同程度地存在这样或那样忽视教学学术的现象，特别是管理理念、评价机制和激励机制等方面。

（一）管理理念的缺失

理念先行带动管理的成效。现代教育理念下高校各级各类教学管理人员所秉持的管理理念将直接影响学校发展方向和管理成效。根据我们的调查，与国外相比，我国学者关于教学学术的理论研究仍不够成熟，以引介为主。如此致使教学管理者在实践中缺乏教学学术理论支持。不少管理者偏狭地看待学术内涵，他们认为只有生产知识才称得上学术研究，把学术视为发表学术论文与出版学术专著，未将传播知识的教学列入学术范围。故此，他们就不可能把教学上升到学术的层面进行探讨，而是把大学教学仅仅当作肤浅的技能。同时，为数颇多的现代教育理念下高校管理者未能区分学科学术与教学学术之间的差异，从而采取相同的管理方式、方法对两种具有较大差异性的活动进行管理，不重视教学学术规律的独特性。认识的偏差使管理者在开展教学管理工作时不能缺乏教学学术理念的指导，热衷于教学的教师在教学上所做的努力和贡献，他们的水平与成果都得不到合理而公正的承认和评价。从而导致那些潜心钻研教学，全身心投入教学的教师的缺少成就感，进而影响到工作的积极性，影响到高等学校的教学质量。

（二）缺乏质量意识

根据我们的调查结果，许多现代教育理念下高校教师教学质量意识缺乏。他们大多数人以上课多少的课时量来看待教学工作，较少关注教学效果，教学质量被忽视。现代教育理念下高校管理人员考核教师的指标以具体可测的论文篇数、著作多少和课题级别等指标为主。至于教学，也是看课时量的多寡，对于质量缺少相应的可以测量的指标体系。长期以来，教学工作的重要性停留在口头上和文件中，具体落实效果不甚理想。如此，造成教学管理人员不重视教学质量，不关注教学质量；教师不关注教学，不研究教学。教学工作中心地位被忽视，教学工作被表面重视而实际上边缘化。

（三）评价机制缺乏灵活性

目前，我国多数现代教育理念下高校对教学工作重要性的认识仍旧停留在文件中和口头上，对教学工作的成绩承认不足，对教学工作的考核，对教学工作量的分解，缺乏具体的、有效的、可操作的方法。通过我们的调查发现：几乎所有现代教育理念下高校的教师晋升主要是依据科研成果。尽管每所现代教育理念下高校都会定期考核科研成果与教学成果，但其中科研成果所占权重远远超越教学成果。由于科研成果的多少与质量是教师晋升

的主要依据。这一规定涉及教师的切身利益，很容易导致一部分教师重点关注各自的专业领域，产生错误的科研决定论，误认为学术上的成就可以替代教学的成就，科研好教学质量就高。还会导致一些教师把目光盯在出论著、发论文上，对教学投入较少。教师的教学质量与研究相比其他科研来说难以量化评价，即使涉及教学工作也是最容易满足的条件。尽管部分现代教育理念下高校出台教学岗位职称晋升网办法，但是其条件也是以可以量化的，如教学比赛获奖等级等为主要指标，许多全身心投入教学、教学效果好的教师很少有机会获奖。这大概就是周鼎现象产生的根源。如此僵化的评价机制，忽视了教学的中心地位，忽视了教学的学术性。

（四）激励机制缺失

在多数现代教育理念下高校，教师不重视教学的原因还在于对教师的激励机制乏力。教学中心地位的突出，需要全校上下都重视教学，日常的行为围绕着教学。管理人员服务教学，教师重视教学学术，关注教学问题。但是，学校缺乏对教师出色的教学艺术、教学方法和教学成效的欣赏、承认、关心和高度的评价，亦即对教师教学的激励不足。许多现代教育理念下高校正在执行的教师绩效考核与教学质量关系不大，教学效果好坏对考核结果影响不大。如此便导致教师教学学术发展缺乏外在的来自组织的动力，从而造成教学质量下滑。

（五）约束机制乏力

除了激励机制缺失之外，许多现代教育理念下高校对于教师的教学行为约束不足是造成教学质量下滑的另一原因。约束机制是为规范组织成员行为，便于组织有序运转，充分发挥其作用而经法定程序制定和颁布执行的具有规范性要求、标准的规章制度和手段的总称。虽然各现代教育理念下高校都有相应的教学管理的约束机制，执行起来往往不到位，显得乏力。各现代教育理念下高校对于备课、教学纪律、教学方法、教学考核等都有具体要求，但是对于不认真履行职责的教师特别是科研能力强、科研成果多而不能履行教学职责的教师往往不按照制度执行。

三、以教学学术引导现代教育理念下高校教学管理创新

为了促进现代教育理念下高校教学质量的提高，回归大学本位，我们根据从教学学术的视角分析了教学管理中存在的不足，有针对性地提出以下对策促进教学管理的创新。

（一）树立教学学术的教学管理理念

教学学术不单单是一种理论，更是一种理念。为了实现教学管理工作的创新，现代教育理念下高校内部各级教学管理人员要树立教学学术理念，用教学学术来统领教学管理工作。首先，要充分认识教学的学术性。教学管理者要认真学习教学学术理论，充分理清教学学术的意义、内涵、作用和运行规律，将教学学术放在与知识生产的学术同等重要的位

置。关注教学学术，把对于教师在教学学术方面的期望通过制度融合到他们的工作中，营造敏于观察教学现象、善于研究教学问题、用于发表教学见解的氛围。同时，要制定教学学术制度，规范教师教学行为，激励教学成就，搭建教师教学学术发展的平台。

（二）构建教学学术主导的评价机制

教学中心地位的突出很大程度上取决于评价机制的有效促进。在教学学术日益凸显其价值的今天，应该构建以教学学术为主导的评价机制，加大教学学术在绩效考核体系中的权重，有针对性地对教学工作做出评价。首先，制定突出教学中心地位的评价指标体系。把教师对教学内容的选择与创新，教学方法的灵活运用，教师之间的互相交流与合作，教学的反思与研究等纳入教学评价中。其次，要建立同行评价机制。同行专家在专业领域具有权威性，更能够理解教学学术的意义，掌握着本专业教学的规律和评价标准，他们的评价往往让其他教师接受，他们的肯定会使其他教师精神上得到满足，从而调动其教学积极性，促进其教学学术水平的提高。

（三）促进教学管理制度的系统化

在实际的教学管理中，制度完善和系统化是突出教学中心地位的关键。因此，我们应该以教学学术为主导，进一步完善教学准入制度、教学研究制度、教学交流与表达制度、教学质量管理制度、教学改革制度、教学反思制度、教学档案管理制度、教学经费投入与使用制度等。教学准入制度的完善将会改变过去的现代教育理念下高校教师资格门槛过低的情况。通过准入制度可以对教师的学历、学位做出更高的规定，同时可以制定退出机制，从而保障了从事教学的教师的教学水平。在教学质量管理制度方面，要构建教学信息获取机制，全方位多渠道了解教学实际，从而能够对教学质量做出准确的合理评价，真正保障教学质量。教学档案管理制度将为教学评价真实可靠的依据，为教师教学学术水平的发展和提高提供参考。

凡此种种教学管理制度的制定务必要围绕教学学术来完成，每一种制度的制定和完善要与其他制度相协调、不冲突，才能发挥管理制度的整体功能，从而保障教师教学学术的发展得到保证。如果各种制度之间缺乏协调各自独立或者各种规则出现矛盾，那将失去教学管理制度保障教学学术正常发展运行的功能。因此，各类教学管理制度要系统化，互相组合成为整体。

（四）构建教学学术主导的激励和约束机制

激励约束是主体根据组织目标、人的行为规律，通过各种方式去激发人的动力，使人有一股内在的动力和要求，迸发出积极性、主动性和创造性，同时规范人的行为，朝着激励主体所期望的目标前进的过程。在多数现代教育理念下高校的教学管理制度中，激励和约束机制行政化程度过高，激励不到位而约束失位。以教学学术为主导的激励和约束机制应该平衡激励和约束的关系，使其相得益彰。就激励机制而言，现代教育理念下高校应该以教学学术为中心设立奖项，激励教师探索教学、研究教学。例如可以设置基于同行专家评价的教学成果奖、教学创新奖，并将这些奖励纳入教师晋级之中。同时，建立教师发表机制，鼓励教师公开教学成果。现代教育理念下高校应该为教师教学学术发展搭建平台，为教师在一定范围内公开发表教学见解、交流教学经验、彼此评价教学效果等，从而使教学的学术地位得到承认，使教师在一定范围内得到赏识，从而树立信心，促其教学学术水平得到提高。

然而，仅有激励机制不足以充分发挥教师的教学学术水平，还必须建立有效的约束机制。现代教育理念下高校可以建立多层次的教学质量监控体系来规约部分教师的不良教学行为，使教师能够按照制度要求规范各自行为，认真履行职责，确保教学质量，改变教师"重研轻教"的倾向。而且，约束机制要宽严适度，既有规则又具有灵活性。

激励和约束机制是一体两面，缺一不可。因此，为了充分调动教师的积极性，使其发挥教学潜能，既要以各种激励措施来激发教师从事教学的主动性，还要通过约束机制规范教师不良教学行为。两者互相依存，缺一不可。因此，我们要平衡二者之间的关系，使其相得益彰。

一言以蔽之，教学管理的创新必须由教学学术来主导，围绕着教学完善制度，建构机制，贯彻有效措施，平衡各种关系，才能真正提高教学质量，回归大学本位，办让人民满意的教育。

第六章 现代教育理念下高校教育教学的实践应用研究

第一节 信息化技术在现代教育理念下高校教育教学的应用

信息化技术作为网络时代下出现的新型技术手段，它对现代教育理念下高校教育教学发展具有不容忽视的重要价值作用，不仅能够有效提高教师的教学效率和教学质量，同时还可以有效激发学生听课兴趣，让学生成为课堂教学的主体，有助于培养学生学习的主观能动性。为充分发挥信息化技术对现代教育理念下高校教育教学的发展，笔者以《信息化技术在现代教育理念下高校教育教学的应用研究》为课题，从信息化技术相关概念解析入手，对信息化技术教学的作用进行了全面而深入的分析，并在此基础上探究了信息化技术在现代教育理念下高校教育教学中的应用策略，给出了笔者具有代表性的个人建议。

一、信息化技术相关概念解析

信息技术，又可以称之为信息和通信技术或者 IT，它是主要用于管理和处理信息所采用的各种技术的总称，它主要是应用计算机科学和通信技术来设计、开发、安装和实施信息系统及应用软件。信息技术主要包括三大板块，即：计算机技术、传感技术以及通信技术。随着网络信息化技术的不断发展和应用普及，以信息技术为核心的多媒体技术被广泛地应用到不同学科的课堂教学中，起到了不可替代的重要作用。

二、信息化技术教学的作用

随着信息化技术的发展，不仅有效推动了很多领域的发展，也让信息化技术的作用得到了实质性的发挥。信息化技术能够有效提高教师的教学效率和教学质量，同时还可以有效激发学生听课兴趣，让学生成为课堂教学的主体，有助于培养学生学习的主观能动性，降低学生对教师的依赖。利用信息化技术，教师能够增强教学工作的直观性、生动性、趣

味性,让学生成为课堂真正的主人,弱化教师在课堂上的作用。总的来说,信息化技术在教育教学中的作用主要体现在以下几个方面:

(一)激发学生学习兴趣

传统的课堂教学一般都是以教师为中心,教师是课堂的主体,学生的作用很难发挥出来。而在信息化技术的帮助下,教师能够把枯燥无味的文字内容转化为充满趣味性的图片、小视频、动画等,让过去的"说教式"教学向学生积极主动学习发生转变,让学生产生强烈的求知欲望。兴趣是最好的老师,如果学生对教师选择的教学内容不感兴趣,那么他们学习的积极主动性就得不到保证,那么必然会对课堂教学有效性和实效性带来影响。利用信息化技术,教师可以为学生创设丰富多彩的情景,激发学生全身感官系统都参与到学习环节,保证学生学习效率和效果。学生是学习的主体,他们的学习态度不仅会影响到自身的学习质量,同时也会给教师教学工作带来影响。信息化技术的出现为教师充分挖掘出教材中的兴趣因素和特有魅力创造了条件,进一步提高了教师教学能力。

(二)有助于培养学生自主学习意识

信息化技术在培养学生自主学习意识方面也表现出了明显的作用。课堂教学的作用十分有限,对于很多学生而言,他们更乐意接受线上教学的方式,根据自身对知识的掌握情况选择合适的教学资源,不仅可以让学生及时地查漏补缺,同时还有助于培养学生自主学习意识,提高自主学习能力。信息化技术能够为学生提供非常丰富的线上学习资源,而且这些学习资源能够分为很多的等级,能够满足所有学生自主学习的需求。比如,为了进行"课前预习、课后复习",学生可以选择那些具有"总结性"特点的线上教学资源,让学生在最短的时间内掌握最重要的内容,提高学生学习效率。对于学生而言,如果他们可以充分利用信息化网络资源进行自主学习,那么不仅可以降低教师教学负担,提高课堂教学效率,同时对学生未来还能产生很大的积极性影响。现代教育理念下高校是个相对自由的学习环境,往往需要学生具备较强的自制力和自主学习能力,他们才能抵制各种诱惑,把更多的时间和精力投入到学习过程中。而信息化技术的产生和发展为实现该目标创造了条件、奠定了基础。

(三)提高学生学习效率和效果

在将信息化技术引入现代教育理念下高校教育教学工作之前,教师基本上只能采用"黑板+粉笔"的教学方式,只能满足学生看和听的需求,学生很少有动手实践的机会。而信息化技术不仅能够满足学生看和听的要求,还能让他们动手操作,营造一个动静结合、情景交融的教学环境,有效带动学生学习的热情、激发学生课堂听课兴趣,同时还能帮助学生更全面、更系统地学习和理解相关知识。除此以外,信息化技术还可以开阔学生的视野,扩大他们的知识体系,提高学生学习效率和效果。

（四）交互式教学方式得以实现，优化了教学工作

利用信息化技术能够体现出交互式教学的优势，优化整个教学工作。例如，在开展教学工作的过程中，教师可以采用图文交互界面和交互窗口与学生进行交流。在这个过程中，教师可以让学生自己动手操作，而自己从旁协助，逐渐提高学生动手操作的能力，促进学生全面发展。与此同时，教师还可以在交互式教学的影响下，更全面地了解学生，及时掌握学生学习动态，并且收集信息，为后续优化教学工作奠定基础。而且信息化技术还让师生之间的交流合作更便捷，扩大了师生之间的交流渠道，让他们可以在网络这个虚拟的环境中无障碍地进行交流，给学生提供一个与教师平等交流的平台。

三、信息化技术在现代教育理念下高校教育教学中的应用策略

虽然信息化技术在现代教育理念下高校教育教学中扮演着极其重要的角色，有效推动了现代教育理念下高校教育教学工作的发展，但是这并不意味着现代教育理念下高校在应用信息化技术的过程中不产生问题。相反，从目前的情况来看，在实际应用中存在较多的问题。比如，师生对信息化技术的认识不够全面、观念落后；很多现代教育理念下高校信息化基础设施教学资源相对匮乏，有很大的优化空间；信息技术与课程整合效果并不理想以及信息化技术应用人才相对缺乏等。这些问题在不同程度上给信息化技术在现代教育理念下高校教育教学中的应用带来了负面影响，不利于现代教育理念下高校教育教学工作的健康发展。为此，我们必须找到更合理的应用信息化技术的策略，保障现代教育理念下高校教育教学工作的有序开展。

（一）提高对信息化技术的认识，加快对相关基础设施的建设

毫无疑问，信息化技术对推动现代教育理念下高校教育教学发展具有非常大的作用，我们在认识到其作用的基础上还要看到教育信息化工作的紧迫性，并且提高对信息化技术的认识，加快对相关基础设施的建设，优化教学结构，在利用好现代教育理念下高校资源的基础上，提高对社会资源的利用率。在这个过程中，国家政府必须以身作则，为现代教育理念下高校进一步优化信息化建设工作提供实质性的帮助，不仅要提供资金上的帮助，还要提供人力帮助，切实保障教育信息化工作能够持续稳定地开展，给师生创造一个更优质的校园环境。在这个过程中，还要充分地利用社会资源，加强与社会相关结构的联系，实现教学资源共享，提高对教学资源的利用率，完善教学工作。

（二）提高教师对信息化技术的应用能力，保证教师队伍质量

教师是教学工作质量的保证，提高教师对信息化技术的应用能力，从而保证教师队伍质量是更好地把信息化技术应用到现代教育理念下高校教育教学工作的基本条件。对于教师而言，他们不仅要具备扎实的理论知识功底，同时还应该有较强的职业道德情操，始终把学生利益摆在首位，一心一意地为学生服务。为此，学校一方面可以为教师安排专业的

培训工作，让他们在培训过程中进一步对信息化技术进行认识，提高教师对信息化技术的应用能力，促进教师教学能力整体的发展；另一方面，学校也要加强对教师资历的考察，给教师带来一定的教学压力，培养教师学习意识，让每个教师都能为提高自身教学能力而不懈努力。同时还要鼓励教师之间加强交流与合作，分享教学经验，共同探讨信息化技术在现代教育理念下高校教育教学中的应用技巧，在提高教师对信息化技术应用能力的基础上使学校教师队伍质量得到提升。

（三）加强对信息化教学的综合性管理

虽然信息化技术有着强大的功能，但是并不是将信息化技术应用到现代教育理念下高校教育教学工作当中就能发挥出作用。实际上，信息化技术能否真正地发挥出效能，还与现代教育理念下高校管理工作息息相关。有些教师，特别是老教师，他们习惯于传统的教学工具，而不愿意采用信息化教学技术，这就影响了该技术作用的发挥。所以，学校一方面应该鼓励教师积极、大胆地采用信息化教学技术，提高教师对该技术的应用能力，真正实现信息化技术教学目标；另一方面，也应该加强对信息化教学的综合性管理，加强学校信息化的建设和管理，保证信息化教学工作能够稳定发展。除此以外，现代教育理念下高校不仅应该积极制定有效措施来促进现代教育理念下高校信息化建设的发展，同时还可以制定统一化的标准来保障现代教育理念下高校教育信息化行为的实施，为现代教育理念下高校信息化技术的发展保驾护航。

二十一世纪是网络信息化技术发展的时代，它对我国各个领域都产生了重要的影响，尤其对于我国教育这一大领域。信息化技术的发展为现代教育理念下高校教育教学提供了新的思路。将信息化技术应用到现代教育理念下高校教育教学过程中对现代教育理念下高校教育教学质量的提升具有重要的价值作用。由此可知，《信息化技术在现代教育理念下高校教育教学的应用研究》这一课题具有重要的研究意义。

第二节　虚拟现实技术在现代教育理念下高校教育教学中的应用

随着 VR、AR、MR、大数据、云计算及物联网等技术的不断成熟，运用虚拟现实技术开发的教育教学平台在开发过程中遇到了瓶颈，如现有的虚拟现实教育教学平台大多强调的是运用多彩缤纷的虚拟立体世界，吸引学习者的注意力，弱化了学习者对于现实生活中知识的理解，忽视教育者对于知识的传授；虚拟现实教育教学平台多是大众性的学习平台，缺乏个性化等诸多问题。本课题通过对于现代教育理念下高校虚拟现实技术现状与背景分析、现代教育理念下高校对于虚拟现实教育平台更深层次认知的必要性及在构建虚拟现实教育教学平台过程中遇到的问题与改革办法的阐述，为广大教育工作者更好地开发及应用虚拟现实技术平台提供指导。

一、现代教育理念下高校虚拟现实技术现状与背景分析

国外对于虚拟现实技术的研究早在 20 世纪就已经展开，美国最先展开这方面的研究，并在该领域处于领先地位。美国科罗拉多大学开设的交互式虚拟仿真实验，通过构建一个结构化的虚拟实验室进行虚拟情景体验，为学生开展探究性学习提供实验条件。

国内对于虚拟现实技术的研究要迟于国外，但是随着国家政策的推动，虚拟现实技术在现代教育理念下高校教学应用方面也得到飞速的发展。截至 2016 年，全国已经有 300 个国家级虚拟实验教学中心进行体验式的教学，包含了工、理、农、医、管理学等 11 个主要学科领域。2017 年 3 月，在"31 号教室"和"跟谁学"战略合作新闻发布会上，现场综合应用增强现实、多点触控、同屏互动、智能追踪等技术来展示了未来的教育场景。2018 年中国系统仿真与虚拟现实技术高层论坛在北京召开。本届论坛组委会特建立一个广泛的、高端的交流与展示平台。可以看出国家对信息技术的建设是高度重视的。如今，不少现代教育理念下高校也已经成立 VR 实验室并致力于虚拟现实平台教学的推进。北京航空航天大学的虚拟现实新技术国家重点实验室早在十年前就成立；中国海洋大学致力于研究虚拟海洋技术；北京师范大学创设研究所探索虚拟现实与可视化技术；西南交通大学利用虚拟现实与多媒体技术建设实验室等等。

二、现代教育理念下高校对于虚拟现实教育教学平台深层认知的必要性

在教育信息化飞速发展的大环境下，虚拟现实技术已经在现代教育理念下高校教育领域掀起了热潮，但在发展过程中还存在诸多的不足。由于现代教育理念下高校对于虚拟现实技术的认识只是停留在初步的了解阶段，随着热潮的掀起，不少院校纷纷引入虚拟现实教育教学平台。由此虚拟现实教学平台的弊端也纷纷展现，如应用硬件技术尚不成熟，投入成本大，教师与现有教学方式融合、技术提供方缺乏对于教学内容的认知、导致平台缺乏个性化，知识性与教学要求不符，缺少质量高的虚拟现实教学资源等诸多问题。因此为了突破虚拟现实教学平台发展过程中的这些难点，更好地激发虚拟现实技术应用的潜在力，现代教育理念下高校应对于虚拟现实教育教学平台的开发与应用给予更为深入的关注。

三、虚拟现实技术在现代教育理念下高校教育教学中的应用实践与改革要点

虚拟现实技术在现代教育理念下高校教育教学中的应用效果一直备受关注，然而在发

展过程中却遇到了诸多的弊端，因此结合虚拟现实平台的运用情况，提出以下几点改革意见。

虚拟现实技术教学平台的开发应基于教学一线人员占主导及多方面的协作与配合的方式。现状是大多数教学虚拟现实平台是在以设计开发公司为主体的基础上进行开发的，院校教育者只起到辅助作用。导致平台功能很花哨，但是实际应用到教育教学中的效果并不好，知识深度也不够。因此应基于学校一线教育者为主体进行设计开发。院校教师基于自己的经验根据教学中的应用要求及目标进行设计。这就要求教师在进行正常教学工作的基础上还需要设计研发虚拟现实教育教学平台，属于跨行业的实践，对于一线教师是一种挑战。此外要想开发出一款实用效果高、精、尖的虚拟现实平台还需要多方协调及配合，如专家、企业技术工程师等多方进行研讨，确定设计开发路线、效果等等，最终走出一条产、学、研、用协同创新的道路。

虚拟现实技术背景下现代教育理念下高校教学中教师角色的再融合。虚拟现实技术给现代教育理念下高校教育行业带来巨大变革的同时也促使教育者对教学方式发生创新性的改变。在虚拟现实技术情景下对于现代教育理念下高校教育者提出更高的要求，尤其对于年长教师和一些女教师而言，接受新鲜事物并灵活操作虚拟现实设备还是有一定难度的，需要教师不断的更新思维，不断地调整教学方法学习新的建筑虚拟现实平台，并熟练应用于各自的教学中，对于教师来说需要不断的挑战自我。

目前正处于科技信息飞速发展时期，平台的信息建设与维护方面应该给予更多的关注。现代教育理念下高校教育教学的各类虚拟现实平台特别的多，随着社会需求的变化，教育者根据培养目标及培养模式、内容也会发生变化，如建筑行业中装修材料，装修技法等的更新，建筑虚拟现实平台的建设方面也要随着教学内容、学情等及时更新，尤其是案例教学场景资源库，因此要求资源库建设也要随时做出调整，这就给虚拟现实平台的管理及后期维护增加了更高的难度。

现代教育理念下高校教育教学虚拟现实平台特别繁多，应集中主要资源开发高质量的教学虚拟现实平台。目前现代教育理念下高校教育教学虚拟现实技术平台存在一种现象，忽视专业知识性，只注重功能、技术，体验性平台大量泛滥，华而不实。主要原因是开发企业虽然拥有资源开发和设计的基本技术，但是他们毕竟不是拥有专业知识的一线教师，不可能充分理解学科知识。现代教育理念下高校教师的职责是以教书育人为主，一般不具备开发虚拟现实技术的技能。如此一来，就导致除了少数与现代教育理念下高校密切合作的虚拟现实企业能够斥巨资开发教学课程外，优质的教学内容十分匮乏。现代教育理念下高校虚拟现实教学平台的发展遭遇瓶颈，因此，虚拟现实技术行业及教育界对此应加大关注，从一定层面将各方优势资源集中整合，全力开发优质应用平台。组织协调虽然会很费时、费力，但也避免了毫无秩序的开发浪费，为虚拟现实技术在现代教育理念下高校教学方面的可持续发展创造空间。

现代教育理念下高校教育教学虚拟现实平台要强化对现实的认知与互动。"内容为王"

是教育的重点。无论运用那种教学工具或培养模式，最终目的都是让学习者将教学内容进行充分的理解。虚拟现实技术给现代教育理念下高校教学带来全新的学习体验的同时，也将学习者带入一个多彩纷呈的虚拟立体世界。这种虚拟立体世界中强烈的听觉、嗅觉、视觉等的刺激，也弱化了学习者对于现实生活中知识的理解，忽视教育者对于知识的传授，因此在开发时应根据课程内容合理地控制虚拟世界中的虚拟体验情节。

积极的从教学评估方入手，顺应教学于虚拟现实技术的发展要求，构建新的评估体系。以往的教学评估标准在新的技术发展的形势下会影响评估结果不准确。如目前的评估结果大多数是通过大数据、物联网等手段进行的，这种评估结果虽然实现了学习信息的传输与分析，但也会导致缺少教学过程及理解方式，方法的偏差；教师无法全方位了解学生的整个学习过程，缺少一些主观性的指标等问题。因此顺应时代发展需要完善已有的教学评估体系。

综上所述，虚拟现实技术在现代教育理念下高校教育教学中的应用是现代教育理念下高校教学发展与信息化社会前进的现实需求，具有极其重要的现实意义，但也需要注意的是，现代教育理念下高校教育教学在迎来机遇的同时也面临着一定的挑战，这就对现代教育理念下高校教学工作者提出更高的要求，在实际教学方面，需要在掌握虚拟现实技术的发展特征的基础上结合学生实际，不断调整与创新教育教学计划与方案，为学生营造良好的虚拟学习平台环境。除此之外在平台开发方面应力求产、学、研、用协同创新，力求突破发展中的难点，不断推动教育技术向前发展，给高等教育的未来带来新的活力。

第三节　翻转课堂在现代教育理念下高校教育学课程教学中的应用

随着素质教育的深入推进，我国现代教育理念下高校传统的教育教学模式已无法适应高素质学生的培养需求，在这一背景下，现代教育理念下高校教育学教师积极明确学生在课堂教学中的主体地位，注重学生自主学习能力的培养，并创新教学模式，在教育学课程教学中开展翻转课堂教学，一定程度上推动了大学生的全面发展。结合多年工作经验，阐述翻转课堂的概念及特点，探析翻转课堂在现代教育理念下高校教育学课程教学中的应用及效果，并提出翻转课堂在现代教育理念下高校教育学课程教学中的问题及对策。

高等教育是现阶段我国教育事业发展的重要组成部分，我国《教育中长期发展规划纲要（2010—2020）》中明确提出各现代教育理念下高校要开展专业性教育教学改革，创新课程体系、内容以及结构等，培养高素质大学生，并打造适应培养人才计划需求的新型教育体系。但当下我国现代教育理念下高校在教学中运用传统的教育教学模式，一定程度上挫伤了学生的学习兴趣，制约了学生自主学习能力的提升，并阻碍了学生的全面发展。随着信息技术在教育教学领域的广泛应用，其为教学模式以及教学手段的创新提供了技术支持，在这一背景下，现代教育理念下高校教育学教师创新教学理念，开展翻转课堂教学，一定程度上提高了大学生的综合素质，但同时也使一些问题凸显出来。

一、翻转课堂的概念及特点

（一）翻转课堂的概念

翻转课堂又称"颠倒课堂"，与传统课堂教学模式相对，是对传统课堂教学模式的改变，具体是指调整课堂内外的学习任务，并将学习的决定权与自主权转移给学生，即在课堂教学之前，教师向学生发布学习任务，学生在课下观看视频，并借助互联网中的教学资源进行自主学习，从而初步了解教学内容，明确自身的学习问题，之后在课堂教学中教师对重难点知识进行讲解，并依据学生的课前学习问题组织学生进行课堂交流与讨论，通过合作学习以及课堂中的师生互动解决问题，因此翻转课堂是一种先学后教的教学模式。

（二）翻转课堂的特点

翻转课堂强调学生在课堂教学中的主体地位，并注重学生自主学习能力以及小组合作学习能力的提升，在翻转课堂中，教师作为主导者，其主要职责是理解学生的问题，并引导学生进行自主与合作学习，以提高学生的知识运用能力。翻转课堂的教学信息明确且精准清晰，其教学视频短小精悍，教学中注重学习流程的重新构建，同时教学效果检测方便快捷。

二、翻转课堂在现代教育理念下高校教育学课程教学中的应用

（一）明确教学目标

当前我国现代教育理念下高校教育学传统课堂教学中，教师以自我为中心，以教材知识为主要教学内容，进行"填鸭式"的教学，忽略了学生对知识的理解，导致学生被动接受知识；枯燥的教学内容以及单一的教学方式一定程度上挫伤了学生的学习兴趣，导致现代教育理念下高校教育学课程教学效率低下。翻转课堂中，教师积极创新教学理念，注重学生对知识的理解，在此基础上依据课堂教学目标以及现代教育理念下高校人才培养计划等，以重难点知识为核心制作教学微视频。在这一过程中，教师依据知识点的不同分解教学内容，构建知识点组，并明确各知识点组的教学目标。之后依据现代教育理念下高校教育学课程的能力培养要求以及具体知识点制定教学方案，并据此设计翻转课堂的教学视频。一般而言，现代教育理念下高校教育学的课程教学目标可分为知识目标、情感目标、能力目标、态度和价值观目标，对此，在现代教育理念下高校教育学翻转课堂中，教师要在综合考虑教学目标的基础上注重教育学理论知识的教学，同时重视学生知识应用能力、文化素养以及综合素质的提升，并推动学生的全面发展，为其今后的学习与发展奠定良好基础。

此外，教师还需以教材章节为依据分解不同的知识点组，明确各知识点组的重难点知识，并针对重难点知识制作教学视频，将抽象复杂的知识具体化，增强学生对教育学知识的理解，从而提高学生的自主学习能力。

（二）制作微视频

翻转课堂主要通过微视频进行课前学习，因此微视频的制作是翻转课堂的主要环节。在翻转课堂开展前，教师要确定课堂教学目标，之后依据目标以及教学内容等明确本课中的重难点知识，在此基础上以重难点知识为主要内容制作微视频，并将其发放给学生，指导学生进行自主学习。在微视频制作过程中，教师要深入分析重难点知识，并借助互联网中的精品课程将抽象、复杂的知识具体化、简单化，以进一步增强学生对知识的理解。同时教师在制作微视频时要注意视频的时长，一般而言，微视频的时长在 3~5 分钟，最长不超过 10 分钟，通过短小精悍的视频讲解重难点知识，一定程度上能提高学生注意力的集中程度，提升学生的学习效率。此外，现代教育理念下高校教育学任课教师在制作微视频时还需遵循问题导向、循序渐进和任务驱动原则，并注重视频的趣味性和目的性，以调动学生的学习积极性，提高学生的综合素质。

（三）开展课前自主学习

课前自主学习是翻转课堂的主要环节之一，在现代教育理念下高校教育学课程教学中，学生可在课堂前期借助手机以及电脑等移动终端观看教师制作的微视频，实现对教学内容的初步了解，同时通过互联网中的精品课程进一步理解教学内容，并完成视频中的学习任务，在此基础上整理重难点知识以及自身的学习问题等。

（四）实施课堂互动教学

翻转课堂教学模式中，其课堂教学环节主要通过小组合作学习以及讨论等方式进行重难点知识教学，在课堂教学中，任课教师的主要职责是理解学生问题，通过师生互动以及小组讨论等帮助学生寻找解决问题的方法，引导学生深入理解并灵活运用教育学知识，从而提高学生的科学文化修养以及综合素质。课堂教学作为翻转课堂的重要组成部分之一，是学生知识内化的主要环节，同时也是提高学生学习效率、提升教师教学质量的关键环节，对此，教育学教师在课程教学中要注重课堂教学的开展，从而提高现代教育理念下高校教育学课程的整体教学水平。

在课堂教学中实施小组合作学习时，教师要组织各小组学生推选代表上台展示本小组的学习成果，并回答其他小组以及教师提出的问题，在这一过程中教师要充分肯定各小组的优点，帮助学生树立自信心，使其完美展示本小组的优秀成果，同时深入分析每位学生的优缺点，使学生全面了解自身的学习情况，通过取长补短，提升自身的综合素质。此外，教师还可在课堂教学中适当设置问题及学习任务，引导学生进行小组合作与讨论，教师通过巡查各小组的讨论过程全面掌握学生的学习水平，并及时发现学生的问题，对学生进行指导，从而提高学生的小组合作能力和解决问题能力。在现代教育理念下高校教育学翻转课堂教学中，教师积极引导学生进行交流互动，一定程度上加强了学生对知识的内化，同时也提高了学生的知识应用能力和解决问题的能力。

（五）强化课后回顾复习

为进一步加强现代教育理念下高校教育学课程教学质量，教师在翻转课堂教学结束后，要为学生布置课后作业，如在课堂教学结束前依据课堂教学内容提出难度较高的问题，组织学生在课下通过互联网以及图书馆等搜集相关资料，并进行小组讨论，同时还可设置实践性作业，使学生在课下对已学习的知识及时进行巩固复习，进一步增强其对教学内容的理解。此外，教师还可定期开展实践活动，依据学生的发展需求设置实训内容，从而提升学生的实践能力。

三、翻转课堂在现代教育理念下高校教育学课程教学中的效果

（一）教师角色的转变

翻转课堂中，教师在课堂教学中的角色发生了转变，同时其教学理念以及教学模式也实现了创新，在教学中教师不再是教学的主体，而是课堂的主导者，其主要职责是理解学生的问题，并引导学生灵活运用知识，同时其主要工作内容是设计教学课件、制作微视频，在课堂教学中依据学生的问题和兴趣组织课堂活动，并加强师生以及生生互动，同时教师的教学目标也发生了转变，不仅要提升学生的科学文化素养，同时还要帮助学生树立正确的世界观、人生观和价值观，推动学生的全面发展。

（二）学生学习观念的转变

在传统教学中，学生被动接受知识，通过听课、做笔记学习知识。在翻转课堂中，学生作为课堂教学的主体，需发挥主观能动性，进行自主学习与探究，并在课堂中与同学进行合作学习与交流，这就要求学生具备自主学习能力和自我管理能力，在课前进行自主学习，课堂教学中积极参与课堂互动与小组讨论，并提高自身的思维能力，不断增强对教育学理论课程知识的理解与运用。

（三）建立匹配的教学评价体系

随着翻转课堂对现代教育理念下高校传统课堂的改变，原有的教学质量评价体系已无法适应教学模式的发展需求，对此现代教育理念下高校教育学教师积极调整传统的教学评价体系，构建与翻转课堂相匹配的教学质量评价体系，如部分现代教育理念下高校借鉴工程教育 CDIO 中的翻转课堂教学评价体系，通过构思、设计、实施与运行四方面来评价教育学的教学质量。

四、翻转课堂在现代教育理念下高校教育学课程教学中的问题及对策

（一）翻转课堂教学中存在的问题

随着翻转课堂在现代教育理念下高校教育学课程教学中的运用，一定程度上激发了学生的学习兴趣，提高了学生的课堂学习效率。但当前我国翻转课堂的开展时间较短，在现代教育理念下高校教育学课程教学中仍有部分教师受传统教育理念影响，教学观念未实现转变，在教学中仍以自身为主体，注重对教材知识的讲解。同时部分教师虽转变了教学理念，在教学中积极开展翻转课堂，但由于其计算机操作能力较差，微视频制作效果不佳，课堂组织能力较弱，学生课堂讨论易偏离教学方向，虽营造了良好的课堂环境，但学生的课堂学习效率无法得到有效提高。此外，部分学生的自我管理能力较差，自主学习能力较弱，在翻转课堂中，学生无法自主进行课前学习，或课前学习效果不佳，在观看微视频后并没有对视频中的问题进行思考，其在课堂教学中无法深入理解重难点知识，最终导致其学习成绩下降。

（二）改善对策

当下现代教育理念下高校教育学课程教学中，要充分发挥翻转课堂的有效作用，提高教育学课程教学质量，推动学生的全面发展，教师就要积极改变自身的教学理念，注重学生的主体地位，并明确自身在课堂教学中的主导作用，不断提升自身的科学文化素养，积极学习翻转课堂基础理论知识，借助互联网中的精品课程等熟悉翻转课堂的教学环节以及流程，并提高自身的课堂组织能力。同时教育学教师还需提升自身的计算机操作能力以及微视频的制作水平，依据教学目标以及教学内容等制作短小精悍的微视频，并积极参与专业培训，增强课堂组织能力，在与学生平等交流的基础上了解学生的兴趣，在课堂教学中针对学生的兴趣以及问题等展开教学，并在学生进行课堂讨论时加强巡查，全面掌握各小组的讨论内容及方向，在学生遇到问题时及时对其进行指导，以帮助其寻求解决问题的方法，从而提升学生的知识应用能力以及解决问题的能力。此外，学生要不断提升自身的自主学习能力，积极借助互联网搜集资料，并按时完成视频中的学习任务，以提升自身的学习效率。

综上所述，在现代教育理念下高校教育学课程教学中运用翻转课堂时，教师要积极创新教学理念，提升微视频制作能力，并在课堂教学中开展合作学习和课堂讨论方式，以提升学生的自主学习能力，推动学生的全面发展。

第四节　体验式教学在现代教育理念下高校音乐教育中的应用

随着当前时代我国教育改革不断深入，学生在课堂教学中主体地位也逐渐得到重视，提升学生综合素养逐渐成为当前现代教育理念下高校教学中重点目标，而综合素质的培养不仅是对学生专业技能以及专业知识的培养，同时还包括对学生专业知识以及专业技能方面实际运用能力的培养，基于此，本节首先通过概述体验式教学，分析体验式教学优势，最后探究如何将体验式教学法应用于现代教育理念下高校音乐教育中，以供参考。

就当前现代教育理念下高校教学实际情况而言，对音乐方面的教育并没有给予足够的重视，但近年来国家越来越重视对学生综合素质的教育培养，不仅在于巩固学生的专业知识以及专业能力，基于此，现代教育理念下高校对音乐的教育工作也得到相应的转变，这也就为体验式教学法的应用提供平台。

一、体验式教学定义

所谓体验式教学，具体来讲就是根据学生的认知特征以及认知规律，之后结合实际生活或重复经历的情景与机会，再一次呈现或还原教学所学知识，能够让学生在亲身经历过程中理解所学知识、发展学生学习能力、产生相应的情感，最终形成具有一定教学意义的教学观念和形式。体验式教学重点在于不是人通过教学获得知识和事物，而是在教学过程中体现出人的生命意义可以通过教学的方式得到进一步扩展。

从根本上来讲，在进行体验式教学过程中，主要在于构建一种人与人之间的互动性交流等形式，重点在于强调教师与学生之间的情感体验，而教学过程也就是教师与学生之间传达信息的一个过程，同时也是教师与学生之间在情感方面进行交流的一个过程。教师应该学会热爱自己的学生，在教学中尊重每个学生存在的不同人格，重视、欣赏学生，同时还要听取学生对自己所提出的意见，包容学生的缺点，与学生共同分享生活有意义的事件等，能够让学生从中感受到教师传达的亲切、热情等情感，这样才能够在未来学习过程中产生良好的学习态度，主动克服学习过程中出现的困难，努力向上。

二、体验式教学法的优势

（一）激发学生对音乐的学习热情

现代教育理念下高校学生在进行传统音乐学习过程中，很多时候会因所学音乐内容比较抽象化，在理解方面能力有限，这就使得学生在实际学习过程中跟不上教师讲课节奏；另外教师在进行某部分的知识讲解时，会不断对这部分知识进行重复演示，使得学生对所学知识感到无聊、乏味，因此也就对音乐这门课程失去学习热情，学习积极性也因此降低。但通过运用体验式教学法能够改善这样教学现状，学生在音乐学习过程中，能够根据所学知识提出自己的看法，与同学之间进行学习探究，在这样的教学氛围中，激发了学生对音乐知识的学习积极性。

（二）有效提升学生创新能力

在当前时代人才素质逐渐朝向多元化发展的社会背景下，现代教育理念下高校在进行音乐教学过程中也应当迎合时代发展培养自身的创新性意识。通过体验式教学法进行音乐教学，能够给学生构建轻松愉悦的学习氛围，同时这种具有开放性教学特征的教学方式，也在很大程度上激发学生自主探究的学习能力。

（三）促进师生交流，共同进步

不论是什么样的教学方式，教育与学习都属于一种双边关系。通过利用体验式教学能够有效促进教师与学生、学生与学生之间的沟通交流。教师在进行教学过程中可根据学生的课堂反馈情况来对自身的教学进行思考和总结，学生之间通过这样的教学模式，能够加深自身对合作方面的意识。

（四）提高现代教育理念下高校音乐教学水平以及教学质量

在音乐教学过程中，以往的教学方式仅仅局限于教师讲解学生听的形式，而对于具有抽象性教学特征音乐学科而言，很多内容都是无法运用语言的方式进行表达的，以上也就在一定程度上为教师的教学工作带来难度，学生无法理解教师所讲，教师质量以及教学成效也因此得不到有效提升，但通过运用体验式教学方式，能够切实改变这样的教学现状，教师可以选取一些具有代表性的音乐作品为学生构建相应的教学情景，同时引导学生能够通过对音乐作品的感受去体会其中所传达的人物情感、思想表达等方面的信息，一方面能够美化学生心灵，提升学生审美能力；另一方面切实改善音乐教学成效。

三、体验式教学在现代教育理念下高校音乐教育中的应用

（一）创设情境体验在现代教育理念下高校音乐教育中的应用

所谓创设教学情景，具体而言就是在实际音乐教学过程中，为学生构建一个比较完整的、具有真实性意义的教学情景，通过创设情境更好促进学生对所学音乐知识的理解能力以及分析能力，能够更加深入理解所学音乐知识中表达的内涵。与传统音乐教学环境相比较，学生只能被动接受学习。因此教师为学生构建体验式教学环境很重要。例如教师可以为学生构建以情感作为主要取向的环境，主要目的在于让学生通过体验的方式，从音乐的旋律中体会到音乐内涵，进而提升学生审美观。从本质上来讲，音乐作为情感类的艺术，

在实际教学中融入情感有一定的教学必要性，这就要求根据教学所学知识合理设计，还可以适当为学生设计一些互动性的音乐活动，激发学生对于音乐的情感体验。

人类在进行交流时，语言是最基本的因素，同时也是人类表达自身情感的重要工具。因此在进行音乐教学过程中，教师的语言是推动音乐教学的关键之处，基于此，教师可以运用语言的方式进行教学情景创设，将语言表达与所学音乐知识两者相结合，一方面教师要注意自身的语速以及音质，另一方面要求教师能够保证语言具有一定的准确性，引导学生学会感受音乐中的美好。除此之外，还可以鼓励学生能够运用自身语言表达方式来对音乐情景进行描述，展示自身对音乐的体会。例如在进行《春江花月夜》这部分的音乐知识学习时，教师可以用充满情感的语言方式为学生进行这部音乐作品的介绍，让学生通过教师的介绍感受自身处于月光下、小船里以及宁静的夜晚等这些元素的情景氛围中，并从中体会到音乐作品想表达的内涵；还可以利用自然音响或一些特殊物质制造的音乐素材，如雷雨声、闪电声、打击乐等等，吸引学生对所学音乐知识的注意力。

（二）校园活动体验在现代教育理念下高校音乐教育中的应用

为调动学生对音乐知识的学习兴趣，教师可通过开展校园活动的方式满足学生需求。例如现代教育理念下高校在举办校园文化节时，要求现代教育理念下高校中所有学院都要参与其中，最大限度使每个学生都能够参与到活动中，除此之外，还应该充分发挥现代教育理念下高校中各大院系以及班级中文艺部门的力量，以现代教育理念下高校学院或者班级作为单位，在节假日期间举办相应的音乐活动。例如现代教育理念下高校举办合唱大赛时，要求每个班级都要参加，通过举办音乐竞赛的方式使每个学生都能够参与到活动中，以此来培养学生集体荣誉感。教师还可以为学生安排音乐知识方面的比赛活动，活动内容将音乐知识与音乐趣味融于一体，这样可以有效激发学生对音乐的兴趣。

（三）生活化体验在现代教育理念下高校音乐教育中的应用

随着当前时代音乐逐渐朝向大众化方向发展，现代教育理念下高校学生的审美观也不仅仅局限于艺术，而是不断深入生活中的各大领域，与此同时音乐也逐渐生活化，这也就从侧面反映出艺术生活化的一面，这主要是因为受众者逐渐追寻通俗化的发展趋势，使得审美朝向生活化方向发展。随着新时代音乐形式多样化发展，人们对于审美与生活两者之间的界限也就逐渐模糊起来，甚至导致有些学生偏离群体，忽略音乐本身存在的内在美，对生活需求用美与潮来作为衡量标准。根据这样的发展背景，就需要教师对学生进行相应的教学引导，帮助学生树立正确审美观。为调动音乐课堂学习氛围，激发学生对音乐知识的学习积极性，教师可以通过举办班级音乐会的形式，也可以为学生布置KTV式的教学场景，将学生带入场景中进行音乐教学，以此来激发学生对本节课音乐学习的主动性和积极性，为学生未来的音乐学习奠定学习基础，这主要在于现代教育理念下高校学生都具备一定的音乐知识储备量，思维比较活跃，对当前流行音乐也比较熟悉。

在实际生活中，学生们比较喜欢当代流行音乐，这主要在于流行音乐本身具有的文化功能比较符合当前现代教育理念下高校学生的身心需求。因此在实际音乐教学过程中，教师可以利用当下比较流行的音乐作为教学素材吸引学生注意力；也可以引导学生联系自身生活实际情况，自己进行歌曲创编或者改变他人歌曲，这样还能够培养学生对歌曲的创作能力，激发学生对音乐的学习兴趣。例如当前比较流行的歌曲《成都》，可以让学生结合自身生活实际，以小组合作的形式对歌词进行改变，之后在教学课堂中进行演唱，以此来调动学生对本节课学习兴趣。

综上所述，随着综合素质教育的大力推广，现代教育理念下高校音乐也逐渐得到教育重视，同时也逐渐暴露出传统音乐教学模式中存在的弊端，体验式教学法因此而生，本节首先概述什么是体验式教学，从激发学生对音乐的学习热情、有效提升学生创新能力、促进师生交流、共同进步、提高现代教育理念下高校音乐教学水平以及教学质量四个角度分析体验式教学法的优势，之后又分别从创设情境体验、校园活动体验、生活化体验三个角度探究体验式教学在现代教育理念下高校音乐教育中的应用，旨在提升学生对音乐学习的教学成效，开阔学生的眼界，以上才是应用体验式教学的最终目的。

参考文献

[1] 刘宇，虞鑫，许弘智等."双创"背景下创新教育的实践、效果与机制研究 [J]. 现代教育技术，2015.25(11)：106-112.

[2] 陈从军，姚健. 双创背景下现代教育理念下高校辅导员工作的思考与探索 [J]. 科技创业月刊，2016.29(13)：64-65.

[3] 刘国余. 会计双语课程柔性教学模式探析 [J]. 商业会计，2016(24)：119-121.

[4] 杨思林，王大伟，唐丽琼等."双创"背景下现代教育理念下高校课程考试改革的思考 [J]. 教育教学论坛，2016(46)：77-78.

[5] 许彩霞. 创新创业背景下应用型现代教育理念下高校人力资源管理专业实践教学体系改革研究 [J]. 鸡西大学学报，2016.16(4)：23-26.

[6] 马一铭. 大学生自主创业的困境与对策分析 [D]. 西安理工大学，2015.

[7] 黄杰."许昌模式"背景下大学生创新创业教育模式探索 [J]. 决策探索，2016(18)：38-39.

[8] 孙海英."双创"背景下文科大学生创业现状、机遇及对策分析 [J]. 成都航空职业技术学院学报，2016.32(4)：15-18，22.

[9] 张格，高尚荣. 以高职生学习动力机制为导向的高职教育教学改革 [J]. 江苏科技信息，2016，(34)：37-39.

[10] 吴颖珊. 现代教育理念下高校教育教学改革的动力机制探讨 [J]. 重庆科技学院学报 (社会科学版)，2012，(01)：165-167.

[11] 曹月盈. 现代教育理念下高校计算机基础教育创新教学模式探究——评《现代教育理念下高校计算机教育教学创新研究》[J]. 教育评论，2017(5)：166.

[12] 荆媛，唐文鹏. 新时代下现代教育理念下高校思想政治教育教学方法创新研究——以主旋律歌曲为视角 [J]. 中北大学学报（社会科学版），2017，33(1)：65-68.

[13] 周湘林. 以学生学习为核心的现代教育理念下高校教师教学评价方法创新研究 [J]. 现代大学教育，2017(1)：93-97.

[14] 华宝元. 教育管理学四大范畴视角下现代教育理念下高校体育教学管理创新研究 [J]. 广州体育学院学报，2017，37(1)：107-109.

[15] 李小兵. 互联网媒体视角下现代教育理念下高校体育教学创新研究 [J]. 赤子（下旬），2017(1).

[16] 吴小川. 现代教育理念下高校音乐教育教学模式的创新研究 [J]. 魅力中国，2017（1）.

[17] 王天恒. 从毕业生质量追踪探究高等学校本科教学改革 [D]. 西南交通大学，2007.

[18] 王淼. 我国现代教育理念下高校教育改革模式研究 [J]. 教育现代化，2016，3(27)：284-285+288.

[19] 苗峰. 现代教育理念下高校课堂教学管理现状及对策研究 [J]. 兰州教育学院学报，2015.

[20] 李友良，何勇. 现代教育理念下高校教学管理信息化的现状及对策 [J]. 教育与职业，2015.

[21] 柳亮. 现代教育理念下高校教学管理人员继续教育现状及对策 [J]. 继续教育研究，2014.

[22] 王廷璇. 浅析现代教育理念下高校教学管理现状及改革对策 [J]. 新西部旬刊，2011.

[23] 崔杨露. "互联网+"思维模式下高校教学策略探究【J】. 教育与学习 .2020(6)。

[24] 崔杨露. "互联网+教育"背景下新建应用型本科院校教学改革策略探讨【J】. 教育与学习 .2021(5)。

[25] 崔杨露. 高校思政课堂教学中历史典故的运用——以茶典故为例【J】. 福建茶叶 .2021(9)。